U0942312

獻詞

獻給招聚、陶造、差遣我們的神，

及歷年與我們同被神陶造、同行、尋夢的夥伴。

蔡元雲

一生無悔──與神同行的青年工作者
作者／蔡元雲
策劃編輯／伍詠慈
封面設計／楊仲文
內頁設計／陳詩韻
出版發行／突破出版社
香港沙田亞公角山路 33 號突破青年村
電話：2632 0000　傳真：2632 0388
電郵：breakthrough@breakthrough.org.hk
網址：http://www.breakthrough.org.hk
http://www.btproduct.com
承印／陽光（彩美）印刷有限公司
2023 年 6 月初版 1 刷

Missional Youth Worker
by Dr. Philemon Choi
First Printing, First Edition, June 2023

Printed in Hong Kong
ISBN 978-988-8562-81-7

憑 信 堅 立 向 前

本書為突破 50 周年紀念出版，承蒙支持者贊助製作經費，特此鳴謝。

本書經文取自《新標點和合本》，版權為香港聖經公會所有，承蒙允准採用，特此鳴謝。
誠邀閣下就突破出版社的書籍發表意見
歡迎加入突破書籍 Facebook page──http://www.facebook.com/btbooks.page
本書採用環保油墨印刷

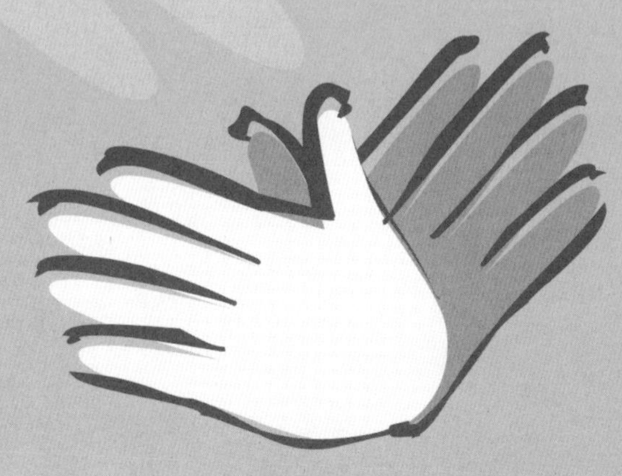

栽培新一代

年輕的心　驛動卻美麗

認識　貼近

關愛　同行

建造新一代更動人的生命

目錄

源起

2020 年初，籌辦香港書展的貿發局通知出版社，該年書展主題為「心理勵志」，蔡醫獲選為書展的年度作家之一。於是出版社着手為蔡醫於書展文藝廊的展覽做籌備；其中一個工夫就是翻查蔡醫歷年出版的著作，檢視不同版本，包括早年出版，已經絕版的書籍，冀讓不同年代的讀者看到，得以認識蔡醫多年來不同時期的作品，見證作家的成長。然而 2020 年春天疫情在全世界蔓延，7 月書展於開展前幾天，因應第三波疫情在香港爆發而宣佈延期至 12 月。

踏入 12 月，一邊籌備延期的書展，一邊看着第四波疫情爆發的新聞，結果 12 月的書展也只能延期，推遲至翌年的 7 月，原定的書展時間舉行。

2021 年夏天，香港已經歷四波疫情，7 月香港書展重開了，蔡醫的著作和手稿終於可以在會展的文藝廊展出。

因應參與整理蔡醫過去的著作，得以了解這位前輩作者，與其他作家所走的路不一樣。蔡醫雖然是年度作家，但他並非立志做寫作人，他寫作的起點更與很多以文字為專業的作家不同。他最初是學醫，也是一心要成為醫生，後來卻因領受異象，轉換跑道，成為青年工作者；至於寫作和文字工作，不過是他的青年工作的延伸。正如他所說：他的文筆不好，也不會寫，他不過是青年工作者，然而當青年工作透過文字傳播，他就成了文字工作者。文字成為載體，文化作為土壤，目的是深耕青年人的生命素質，這正是以文化為切入點的青年工作。是不一樣的文字工作，也是不一樣的青年工作。

翻閱蔡醫不同時期的著作，我們得以重讀這些作品，同時回顧昔日蔡醫投身「突破運動」，選擇走文字工作的道路，是相信文字有跨越時代的意義和效用，過去的文字，即使面對今日的處境，仍能「説話」。於是我們邀請蔡醫從他的著作談起，就着他文字工作者和青年工作者的身分和體會，談談一些心得，再選輯他已絕版的書，書店已沒有庫存的舊作，匯合成獻給這一代青年工作者的文字。

本書從蔡醫的青年工作者身分開始，讓他談談青年工作的核心；再談他的文字工作，並會節錄蔡醫多本初期著作對讀，無論從事文字工作抑或青年工作，也可以從中讀出蔡醫的使命。深願昔日感動蔡醫的靈，今時也感動這一代的青年工作者。在風高浪急的時代，對義無反顧投身培育青年人的朋友，但願文字成為一點光，在風浪中，在寒夜裏，指引路向，成為自立立人的力量。

伍詠慈
策劃編輯（心理栽培）
突破出版社

與神同行的青年工作者

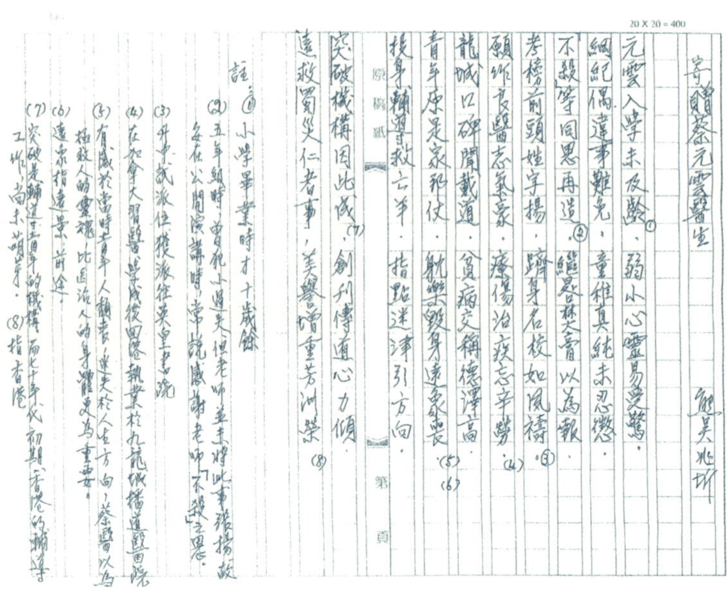

寄贈蔡元雲醫生　熊吳兆圻

元雲入學未及齡(1)，弱小心靈易受驚。
綱紀偶違事難免，童稚真純未忍懲。
不殺等同恩再造(2)，繼晷焚膏以為報。
孝榜前頭姓字揚，躋身名校如風檣(3)。
願作良醫志氣豪，療傷治疾忘辛勞(4)。
龍城口碑聞載道，貧病交稱德澤高。
青年原是家邦仗，耽樂毀身遠象喪(5)(6)。
投身輔導救亡羊，指點迷津引方向。
突破機構因此成(7)，創刊傳道心力傾。
遠救蜀災仁者事，美譽增重芳洲榮(8)。

註：(1) 小學畢業時才十歲餘
(2) 五年級時，曾犯小過失，但老師並未將此事張揚，故每在公開演講時，常說感謝老師「不殺」之恩。
(3) 升中試派位，獲派往英皇書院
(4) 在加拿大習醫，學成後回港執業於九龍城播道醫院
(5) 有感於當時青年人頹喪，迷失於人生方向，蔡醫以為拯救人的靈魂比醫治人的身體更為重要。
(6) 遠象指遠景、前途。
(7) 突破是輔導青年的機構，而七十年代初期，香港的輔導工作尚未萌芽。
(8) 指香港

聖馬太小學老師熊吳兆圻是我的恩師，與我同行多年。她寫了一首〈寄贈蔡元雲醫生〉，概括我的經歷：包括小學、升中、加拿大習醫、播道醫院行醫，投身青年工作及成立突破機構等。

寄贈蔡元雲醫生

熊吳兆圻

元雲入學未及齡[1]，弱小心靈易受驚。
綱紀偶違事難免，童稚真純未忍懲。
「不殺」等同思再造[2]，繼晷焚膏以為報。
考榜前頭姓宇揚，躋身名校如夙禱。[3]
願作良醫志氣豪，療傷治疾忘辛勞。[4]
龍城口碑聞載道，貧病交稱德澤高。
青年原是家邦仗，躭樂毀身遠象喪。[5,6]
投身輔導救亡羊，指點迷津引方向。
突破機構因此成，[7] 創刊傳道心力傾。
遠救蜀災仁者事，美譽增重芳洲榮。[8]

熊註：

1. 小學畢業時才十歲餘。
2. 五年級時，曾犯小過失，但老師並未將此事張揚，故每在公開演講時，常說感謝老師「不殺」之恩。
3. 升中試派位獲派英皇書院。
4. 在加拿大習醫學成後回港執業於九龍城播道醫院。
5. 有感於當時青年人頹喪，迷失於人生方向，蔡醫以為拯救人的靈魂，比醫治人的身體更為重要。
6. 遠象指遠景前途。
7. 突破是輔導青年的機構，而七十年代初期香港的輔導工作，尚未萌芽。
8. 指香港。

記神陶造的歲月

1945 年，祖父蔡忠福在寧波因見日軍侵華，鼓勵我父親蔡尚德避走雲南省昆明暫住。父親在昆明，於朋友介紹下認識了本身是昆明人的曾以琴，二人相遇、結婚、生子。我在昆明誕生，取名元雲，元是長子的意思，而雲則是指雲南。1949 年後，祖父鼓勵我們一家到香港。

在香港我們的家境困難，父親便開始航海生涯養家。他堅忍不屈的性格，影響我日後對「抗逆力」的興趣，並進行及培育青少年工作。

父親是海員，經常不在家，於是管教我的責任全交給母親。我三歲時，她把我送到一間私立小學就讀一年級，隨後在朋友介紹下，轉到聖公會聖馬太小學就讀。

學生時期對我的信仰模造非常重要。我在聖馬太小學的「聖經課」接觸信仰；在英皇書院時，其中一位同學，後來成為醫生的徐理強，陪我查經，帶我決志信主。我參加宣道會北角堂崇拜，滕近輝牧師為我洗禮，他的解經和講道對我產生深遠的影響。

孕育「召命」的七年

我在香港考不上大學，致使在外國升學，卻奠立一生事奉的基礎。父親與母親暗地商談後，決定將積蓄拿出來，送我出洋留學，到加拿大讀醫科，我又怎敢在學業上鬧懶？

不可忘記 1964 至 71 那些年，在溫尼辟（Winnipeg）紅河（Red River）走過那段路：回顧那七年，我只有感恩——那是神使我靈魂甦醒的日子。當年我懷着戰兢、雀躍、期望的心乘坐跨洋的郵輪，再轉接火車抵達溫城——從被拒香港大學門外的失落心情走出來，到達沒有一個朋友的加拿大小城，重尋自己已破碎的夢。

我懷念溫城這城市，人口一直在五十萬左右，真的五十年不變；我沒有見過一個更平坦的城市，連建築物也不高，我更是喜愛那寧靜地穿越這個與世無爭的小城的紅河，象徵了神恩典的灌溉。

溫城每年有六個月或以上的日子是冰封積雪的，我記得在攝氏零下二十度的氣溫下，在校園空曠地方走動五分鐘也吃不消。然而，冰雪阻隔不了 Martin Luther King（馬丁路德・金）"I have a dream”的呼喚，也沒有阻礙我們觀看 J. F. Kennedy（約翰・甘迺迪）和 Robert Kennedy（羅伯特・甘迺迪）如何燃點美國青年人的心底夢。我們不斷追蹤中國大地上「文化大革命」背後的人心呼喊，「中國祈禱」小組定期為神州大地和其上的「骨肉之親」代禱。身為青年人，面對這些為夢付出的人，怎能無動於衷？只會反問：我的心底夢是什麼？

北美華人學生的宣教夢

那些年間，在北美各城市的大學都興起「華人基督徒團契」(Chinese Christian Fellowship, CCF)，「溫城基督徒團契」(Winnipeg Chinese Christian Fellowship, WCCF) 是其中之一。

那一代的華人留學生基督徒羣體，深受一羣從中國內地移居到香港、台灣和北美的傳道人影響：滕近輝、王永信、王峙、周主培、趙君影、焦源濂、David Adeney、Stephen Knight、吳勇……各位忠心的神僕不只期待神州經歷神的恩情，更是洋溢着胸懷普世的宣教情。

他們不單在各地的 CCF 和華人教會中證道，更在那些年間興起的冬令會中燃點宣教的火：當年的「福音旅程」(Gospel Trips)、「福音詩歌團」(Gospel Chorale) 都是由華人學生信徒組成，踏遍北美各城市，傳揚基督福音。

溫城 CCF 更出版了《泉源》雜誌，將北美的華人基督徒大學生結連起來：分享留學心聲，述説神的恩典，亦是燃點了華人學生宣教夢 — 從校園到城市，從北美到亞洲，學習順從基督的大使命，直到地極，成為基督的見證！

遇上一羣為耶穌而活的人

猶記得當年初踏足溫城，Stephen Hoh 和 Philip Ng 以一部小福士來到車站迎接，心中已感到陣陣的溫暖，想不到的是踏進校園，最吸引我的竟是一個小小的 WCCF，而團歌 *Living for Jesus* 成為我生命中最喜愛的詩歌，最重要的是我在溫城遇上了一羣「為耶穌而活」的人。

在那些年 WCCF 匯聚了一羣飄洋越海的華人學子，來自香港、新加坡、馬來西亞、台灣、印尼等地。不同的文化背景、操不同的語言，性格不一樣、心中的夢也有異 —— 是共同的信仰使他們共聚一個團契。

我當年的夢想是進入醫學院，意想不到我遇到一羣師兄師姐，有人已經是見習醫生，也有幾位是醫科生 —— 他們固然認真讀書，叫我驚訝的是他們在團契中百分百投入，主領團契聚會，禱告會從不缺席，更細心關懷團契內外的新舊同學，還騰出很多時間出版雜誌、教主日學、參與家訪等活動。我察覺他們不單是口唱 *Living for Jesus*，而是在校園生活、團契生活、學習態度及與人相處中認真地跟隨基督。

才十九歲的我擦亮眼睛，撫心自問：我唸醫科是為了什麼？我活着是為誰？主耶穌到底和我有什麼關係？

體驗「愛」與「使命」的團契生活

當我投入 WCCF 的團契生活，逐漸發現當中不乏「性格巨星」，有些脾氣火爆的團友，與人吵架時情緒激動，目露凶光，也有些相當堅持己見的「強人」，還有一些看似遭人「欺負」的「弱者」。

我素來怕與人正面衝突，奇怪的是這羣人吵架過後，願意一同禱告、一同在團契事奉，更是真正的好朋友。除了在團契和教會聚會中接觸外，我與這些團友有機會一起事奉，出版雜誌，假期時旅行、暑假時有佈道旅程，有些是同班同學，有些更是附近居住的鄰舍 —— 我被這羣真性情的人觸動，他們對神的單純信心感染了我，對我的包容接納激勵了我，結交了這些友情持續四十年的基督徒摯友。

叫我印象深刻的是這些人有很強的使命感，每年都舉辦迎接新同學活動，關懷他們，並分享福音；除了校園學生工作外，也全力協助牧師植堂、建立教會。最驚奇的是一羣留學生，竟有時間、熱情傾力出版一份《泉源》雜誌，定期寄給北美各大學團契，成為留學生分享生命與信仰的平台；還有精力協辦每年舉行的冬令會，也會加入「中信」主辦的「福音旅程」，幾個小伙子一隊、駕着汽車走訪北美各地，結連加西的信徒與留學生，大學團契和教會，甚至在街頭佈道。

當年我對神的使命了解有限，只知主耶穌賜予「大使命」; 但是我在那些年，親身體驗的不單是一個有愛的羣體生活，更被那以行動解說的使命感深深觸動我那顆年輕的心。

每年的冬令會，我們匯聚加西和加中各城市的信徒，一同敬拜，交流、領受信息。在冬令會主領聚會的都是華人教會中胸懷普世宣教使命的牧者，如滕近輝、王永信、周主培、焦源濂等，藉着神的話及宣教信息開拓我們的視野，得見神在全球列國中的作為。

溫城本身是一個多元文化的城市，有不少西歐、東歐、蘇聯、亞洲、中東人士聚居。大學中亦不乏不同國籍的基督徒學者，分佈在醫學院、法律系、建築系、理學院、文學院等領域，以他們的學識和見證感染我們。

意想不到，我竟有機會與溫城的師兄們參加暑期的「福音旅程」，走遍美國西部及中部的大學校園及一些教會，分享見證、生命交流。回想當年，不知天高地厚，只是懷着一顆赤子心，靜看神在各地奇妙的作為。

完成醫學課程回港在播道醫院任醫生

我在加拿大完成醫學學位後，原有意繼續留在內科進修。師兄 Philip Ng 夫婦有心回香港事奉，在播道醫院服侍，看到醫院的醫生人手不足，於是邀請我回港到播道醫院當醫生。經過禱告，我和太太 Ellen 決定在播道醫院事奉。

在播道醫院，除了臨牀工作，我還有參與病人及家屬的福音工作；在那裏遇上陳保羅牧師，他為附近屋邨的孩子做福音工作，亦向九龍城寨的吸毒者傳福音。他邀請我到九龍城寨觀摩他的工作。

後來我到九龍城寨參與一個他主領給吸毒青少年的福音聚會，竟有一位女士在旁聽。我上前請問坐在最後排這位女士的姓名，原來是我一直很欣賞的青少年福音刊物的編輯：蘇恩佩。我早已讀過她的作品《仄徑》，在傾談間得知她在香港養病，但也來這裏看看這個城市的青年人。她邀請我參加她的祈禱會，為這城市的年輕人祈禱。

當時我與在溫城讀書後回港的同學起意要在香港籌辦《泉源》的遠東版，後來發現《泉源》的內容較適合北美的青年，開始構想要出版一份適合香港青少年的雜誌。由遇上蘇恩佩開始，再陸續與不同的基督徒交流禱告，最後發起「突破運動」，1974 年出版了《突破》雜誌，後來成立「突破機構」，陸續開始影音、書籍、輔導等各種事工（詳見《我看見神的作為》）。

靈魂甦醒，一生事奉的基礎

我從沒有想過在播道醫院行醫五年，竟然會踏上另一條事奉之路；在 1973 年加入「突破」，先是兼職，後來全時間成為青年工作者。這是神的呼召，亦受到恩師蘇恩佩姊妹的生命感染。回顧時察覺服侍青少年的「召命」，原來神早於溫城，已將種子埋藏在我的心底裏，再經過多年不少人的默默澆灌，終於長出果子來。

在「突破」服侍香港及國內青少年，需要一顆珍惜和尊重青少年的心，而當年我所領受過的珍惜和尊重是神恩召的起點。

我需要不同的恩賜服侍主，這都是聖靈所賜，同時不忘溫城的師兄、師姊亦師亦友的同行。一位師兄和一位牧師鼓勵我嘗試講台上的翻譯和傳講事奉，《泉源》的編輯竟然邀請我學習撰稿事奉，有師兄邀請我參與「福音旅程」的佈道工作，還有冬令會和 WCCF 的事奉……原來，當年的操練，對日後在青少年的前線工作十分受用。回到香港，我獲滕近輝牧師推薦到希伯崙堂崇拜，李非吾牧師邀請我負責主日講道，及當青年團契導師，給了我事奉上的栽培。

在事奉青少年的前線上，神話語的裝備十分關鍵，有愛心，要加上真理。我不會忘記在 WCCF 事奉的一幕。我仍在大學第二年，不知如何被推選為團契主席。我不自量力，奮勇接受這個崗位，半年內卻多番犯錯，自己也察覺；重選新一屆職員時，我不再被委任，心中黯然。在那寒冷的晚上，我獨自回到大學宿舍，情不自禁在牀前跪下哭泣，認罪禱告。是聖靈藉着《聖經》提醒我，我在事奉中「向神有熱心，但不是按着真知識。」（〈羅馬書〉10：2）那個晚上，我向神表示願意用功讀《聖經》，以神的話裝備自己。日後，我體會在青少年的生命工程中，不能缺少神的道，是神在我的軟弱中指示我要穿起祂應許的「全副軍裝」。

在 WCCF 那七年，不少人對中國大地的福音事工滿有負擔，我們曾經為風雨中的中國教會和骨肉之親同心禱告：是聖靈在禱告中為我們孕育出一顆「中國心」。日後我有機會踏足國內多個城鎮，學習培育青少年工作者，心中對中國有情有火，也是在那些年，在那「夢」與「使命」的羣體中開始萌芽。

與神同行的青年工作者

回顧事奉的經歷，我肯定信仰及《聖經》在這個歷程中產生很大的影響。我的恩師恩佩非常強調《聖經》的操練，將信仰與青少年工作結合。故此《突破》雜誌的內容，也着重青少年成長的《聖經》基礎。

為了裝備自己，我曾到三一福音神學院（Trinity Evangelical Divinity School）進修神學及心理學、輔導，受教於講師 Gary Collins，他着重心理學和《聖經》的結合。我在這裏接受《聖經》及神學栽培，將神學建基於《聖經》真理。

不論事奉有多忙，我都緊記要退修，時常回到神面前。我曾與幾位基督徒參加白基瀚博士（Dr. Hans Burki）主持的靜修營，這些營會強調《聖經》對靜修的指引。營中安排不少個人安靜時間。

除了自己的信仰，我很重視同工的信仰栽培，「突破機構」同工定期有敬拜、禱告聚會，也定期給同工《聖經》教導。後來我成立青年全球網絡（Youth Global Network, YGN），服侍兩岸三地以至北美華人青年，對同工和事工仍然強調《聖經》真理。

為了栽培具備信仰基礎的青少年導師，我之前也開展了青少年導師培訓的事工，與伯特利神學院等合作，設立一個碩士課程，培育來自兩岸四地共五十位青少年導師（詳見〈結語：無悔，傳給後來者的禮物〉。

即使退休後我仍然努力栽培自身靈命，延續寫作及小組查經、個人工作。每天定期寫靈修日記，早晚都讀不同《聖經》書卷，仍然要堅持天天與神同行。

青年工作者的生命修練

一、神

你有聽到神的呼召嗎？

要成為青年工作者，本身先要領受從神而來的召命。蘇恩佩蒙神給她從事青年工作的呼召（calling），她成為我的恩師，她的呼召也成了我的呼召。教會專注牧養教內青年人，我們的呼召是服侍教會以外的青年人，即有時我們會稱為「圈外的羊」。

對基督徒青年工作者而言，除了要有成為基督徒的呼召，也當有成為工作者的呼召。楊錫鏘牧師寫了《召命》一書，談到如果基督徒跟隨主卻沒有來自主的呼召，只在等上天堂就真的可恥了。故此我以前在聘請同工時，會要求入職者要有呼召，不能只當做份工算了！

以往「突破」聘請同工，我必然坦誠向應徵者分享「突破運動」的異象，對以文化和人際事工去服侍教外青年人，有些人感到不解或不擅長就即時決定放棄，有人雖不擅長但有興趣，就透過試用的時間了解。同工加深對機構的了解，就可以看到自己是否適合，有些人是真的蒙神呼召，這呼召也與「突破」的異象配合，就可以同行服侍。

神是栽培者

除了蒙神呼召，青年工作者自己也要經歷被栽培才能栽培人，我在寫作、在牧養青少年的理念上，也受益於蘇恩佩，但同時我也經歷神的牧養，就是與神保持密切相交。

如果青年工作者本身與神沒有關係，所作的工就是徒然的。沒有聖靈恩膏、未蒙基督救贖、沒經歷天父看顧，根本不能在這世上做任何事。基督在世只栽培了十二個門徒，但他們靠着神的大能卻能改變天下。所以青年工作者必先與神有關係，生命被神不斷更新牧養，從神支取力量，否則不能完成神託付的工作。

青年工作者除了要幫助青年人在身心社方面成長、關心他們與家人的關係，還要關心他們與上帝的關係，就是身心社靈四個方面。我們的眼必須常看到一個永恆的角度。人有永恆的終結，我們不能只處理人在地上的問題，也要處理永恆歸宿的問題。故此我特別喜歡在佈道聚會講道，幫助人處理永恆的問題。而並非人人都會來佈道會，所以我們要進到圈外的羊當中，幫助他們在身心社靈方面成長。在《敢夢想飛》一書中，我認為青年人最要緊的是找到人生的呼召。要找到人生的呼召，我希望他們先認識神，發現神在他們身上的召命。

神是我們的牧者

即使青年工作者有神的呼召也要保持與神的密切同行，所以我很重視「突破」同工的靈性培育。以往我會帶領新同工的屬靈操練，給他們安排三個月的屬靈操練時段，每隔幾星期有一次聚會，每次開小組，包括分享、查經，目的是要藉神的話建立同工。我也定期帶同工到恩佩墓前，傳述「突破運動」異象，講説事工的起源，也有帶同工的清晨靈修班，讓他們接受門徒訓練。種種安排都為了培育同工與基督的關係，這其實是做青年工作最核心最重要的事，要是同工不處理最深層與神的關係，只聚焦於事工和工作，這個事奉根本不能長久。其實同工來自不同教會，承襲了不同的教會傳統，我們相信教會會關顧信徒靈性和靈命培育，然而我仍是期望，無論新舊同工，都要他們定時進行屬靈操練，加深與神的關係，認真跟隨基督。

我非常重視個人生命的更新，現在即使已經退休，也會安排不少時間去退修安靜，在神面前讀經、禱告，讓神親自牧養我。

我很喜歡寫靈修書籍。香港的信徒很忙，容易忽略靈性、永恆的事，要保持日日有靈修、靈性操練、反省，實在很難。我擔心青年工作者連基本的讀經生活也很弱，這樣會使他們與神失聯，連神有什麼呼召都不能收到了。我曾寫過不同主題的靈修書籍，希望這些書籍幫助工作者維繫美好的靈修生活，在忙碌中仍不忘與神連結，我相信這是作為基督徒最基本也最要緊的事。

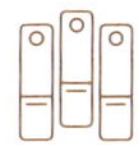

著作選輯

《時代者之歌——融入生命的〈詩篇〉默想》：本書出版於 1996 年，是蔡醫與「突破」同工，一同默想〈詩篇〉的心得。

等候指引
(讀〈詩篇〉25 篇)

任何為神作工的人，必定遭遇攻擊，不單是來自那肉眼可見的仇敵，更是來自那看不見的敵人。

大衛的詩很少提及仇敵，而且他常陷於困境中 —— 孤獨困苦、愁苦甚多、仇敵眾多、性命危殆(〈詩篇〉25：16-20)。

我們在人生路上、事奉途中，出現危機，不要以為稀奇；重要的是我們是否曉得仰望、倚靠、等候(25：1-3)，這篇詩的重點是等候。等候是止息自己缺乏方向的活動，卻不是無奈的放棄與被動。等候是我們需要學習的心靈活動，而且不只我們在等候，三一真神也在等候：聖父等候着赦免和擁抱我們；聖子等候着伴我們同行；聖靈等候着我們禱告，並指引我們(Henri Nouwen,(1987) *A Spirituality of Waiting*)。

在等候當中，我們在聖靈光照下，看清楚自己的本相，明察是什麼遮蓋了心靈的眼睛和耳朵，以致未能辨別神的心意和聲音。不要將責任全歸咎於外面敵人的攪擾，極可能問題出自幼年的罪愆，和今天的過犯(25：7)。我們最大的毛病，是在困境中將問題全部往外投射(projection, externalization)；其實很多時候，真正的問題是在自己的心底幽暗之處。

詩人的態度，值得我們學效：仰望、信靠、謙卑、懇求、敬畏——並非只顧往內看，自卑自憐；乃是往上看，祈求憐憫指引。他堅信「凡等候你的必不羞愧」(25：3)，「等候就是接納神的時間，以至神的智慧……〈詩篇〉中所用的字帶有『精神繃緊』的意思：熱切地把自己交託神，滿懷希望地等待，而非無可奈何地聽天由命」(Derek Kidner,（1973）*Tyndale Old Testament Commentories*)。

基於神的憐憫、慈愛、良善、正直、公平、誠實、智慧、能力，祂必定指引我們，叫我們得知「祂的路」、「正路」、「當選擇的道路」——「祂的約」。神的回應是以祂的「真理引導我」(25：5)，並且「與敬畏祂的人親密」(25：14)。The friendship of the Lord is for those who fear Him——與神為友是何等的福氣！

「願純全、正直保守我，因為我等候你。」

(〈詩篇〉25：21)

信心的眼睛

（讀〈詩篇〉46 篇）

〈詩篇〉46 篇是馬丁路德特別喜愛的詩。他在奧斯堡國會受害時，每天臨窗遠眺，幾乎都唱這詩。他的著名詩歌《堅固保障》也是根據這詩寫成的。

有人認為本詩背景可能是亞述王西拿基立圍攻聖城之時，但是我覺得真正的歷史細節並非最重要。本詩是用美麗的詞藻、影像化的景象，來描繪詩人當時的困境，而詩人卻是在困境中憑着信心的眼睛，看見神的作為、經歷神的同在。

本詩共有三幅圖畫，似乎並不協調的並列在眼前：第一幅山崩地裂、海浪滔天；第二幅正將喧鬧的兵馬雜沓的噪音推到邊緣，在畫像的中央是寧逸的河，緩緩穿越那堅固的城、聖潔的殿；第三幅是一片大戰後的荒涼景色，卻是叫人肅然起敬。四方傳來凱歌，頌讚那戰勝列邦的至高君王。

最近我很能夠體會詩中的意境：天翻地覆、重重圍困、四面楚歌。在這種逆境中，難免心中懼怕，然而這是最能夠經歷神同在的時刻。

本詩給我們幾個重要的啟迪：

1. 呼求雅各的神。雅各是那與神摔跤、緊抓着神不放，直至祂祝福的受傷的得勝者。

2. 「你們要休息，要知道我是神！」(〈詩篇〉46:10）在休息、寧靜、歸回中，我們才能看清楚神在歷史中、列國中的作為，並得聞祂的聲音。

3. 最重要的是憑信看見「神是」── 祂是避難所、力量、患難中隨時的祐助；祂是神，祂是那在外邦中被尊崇與我們同在的神。(〈詩篇〉46：8 的「看」字，是指用 inward eye ── 以信心的眼睛來靜觀。)

但願我們在安靜中擦亮信心的眼睛，不讓匉訇的海浪、奔騰的兵馬，遮蓋了神的聲音和形象。

另一篇詩的作者說：「神啊，求你不要靜默！……也不要不作聲！」(〈詩篇〉83：1）我們學習休息，神卻不會止息祂的作為。

敬拜者的三律與三福

（讀〈詩篇〉84 篇）

敬拜並非局限於星期日清晨，在主日崇拜時的週期性集體活動；敬拜乃是一種內心狀態、日常行動，及生活方式。

〈詩篇〉84 篇與 42、43 篇一脈相承，都是描述敬拜者對神的渴求；42 及 43 篇的重點放在詩人內裏的渴想與呼求，84 篇則描述敬拜者的心願如何得以滿足，其中包括了三律與三福。

第一律：渴想（84：2）

第一福：讚美（84：4）

84 篇第 1 至 5 節描繪敬拜者的內心狀態：不住的渴想神。他的心腸、肉體只羨慕一件事，麻雀和燕子也只是叫他聯想同一件事——歸回神的居所、院宇、殿中。通過默想、默禱的操練，我們學習不住的回歸，在安靜中得享不住讚美的喜悅和祝福。

第二律：行走（84：7）

第二福：得力（84：5-7）

敬拜並不止於一種靜止的心態，同時也在日常的行動中經歷神的同在。這一段描寫的，不單是一個朝聖者之旅，乃是信徒畢生的行程。無論是「流淚谷」或「泉源之地」，在人生的逆境或順境，都是帶着渴慕朝見神的心，經歷神陪伴同行，因此力上加力。

第三律：居住（84：10）

第三福：榮耀（84：11-12）

居住是一種決心：願意分別為聖、不再與世俗為友 —— 不住在惡人的帳棚裏，一心一意的投靠神、事奉神、敬拜神。神是日頭：生命和光輝之源；神是盾牌：患難中隨時的幫助。恩惠是神的赦免與接納；榮耀是新的身分和素質。祂未留下一樣好處，不給那行動正直的人。

> 「敬拜的行動把門徒生活內在化，讚美和順服逐漸演變為由內心自然流露的習慣。生命不再是逐步走向衰老的低谷，叫人沮喪；而是逐步登上力量的高峰，令人振奮。」
>
> —— 畢德生 (Eugene Peterson)

敬拜是「積極的全情投入、聚焦於神」（constructive preoccupation with God, Derek Kidner,（1975）*Tyndale Old Testament Commentories*）。不論是渴想、行走或居住，都是單一的以神為生命中心。讓我們靠聖靈孕育出這種敬拜的人生。

隱密處、危險路

（讀〈詩篇〉91 篇）

三一神對我們的呼喚是個「來」的呼喚：來進入祂的隱密處；同時是個「去」的呼召：去踏上世界的危險路。

范尼雲（Jean Vanier）憑着信心和順服，撇下安穩的大學教職，進到傷殘人士當中，建立一個愛與服事的羣體。他明白一般人都畏懼世上的諸般險惡，但正因為這樣，更需要退到神的面前，住在祂的愛裏，才能夠得到醫治、經歷蔭庇，再上路進到「敵人」和「貧窮人」的羣中。

有人誤以為〈詩篇〉91 篇，是一首單談回歸、尋求蔭庇、逃避險惡的詩歌。其實這只是詩人要表達的部分信息，不要忽視本詩的另一面：靠着神的蔭庇，甘心踏上險徑。

詩人在首二節使用四個比喻（隱密處、蔭下、避難所、山寨），和四個稱號（至高者、全能者、耶和華、我的神）去形容這位保護者的威嚴、能力、恩慈、信實。

我們要學習在安靜的回歸中，進到神的深處，那才真正經歷到祂的慈愛和能力。

詩人在第 3 至 13 節，發出安慰的聲音，叫那些在世上遭遇諸般兇險的人，毋須畏懼退縮，因為他們必定經歷神的保護。世途的驚險，包括敵人的陷阱、身體的苦難、天災與人禍、惡者與撒但的圍攻（撒但也曾引用本詩第 11 至 12 節加以曲解，成為試探耶穌的武器）。神親自蔭庇之外，還差遣使者隨身保護（91：11），最後三節包含了神的三項要求：要專心愛祂；知道祂的名；求告祂。還有，七項應許：搭救；安置在高處；應允；同在；使他尊貴；足享長壽；將救恩顯明給他。

願意回歸到至高者的隱密處的人，才膽敢冒險闖入這個世界的危險路。神的蔭庇不獨在靜止中向我們顯明，更在我們的行動中，充分的表明出來。讓我們帶着信心來、存着順服去。

生命的焦點

（讀〈詩篇〉100 篇）

〈詩篇〉100 篇，是歷代以來教會常唱的一首稱謝詩。司布真（Charles Spurgeon）說：「當人數眾多的教會同唱這首詩的時候，天下沒有比此種歌聲，更叫人感到雄壯與偉大了。」

詩中有七個命令：當歡呼；當事奉；當來向祂歌唱；當曉得耶和華是神；當進入祂的門；當進入祂的院；當感謝稱頌祂的名。總結一句，當以神為我們生命的焦點。

這種以神為焦點的生命，將會叫我們在心中洋溢着七種心情：歡呼、樂意、歌唱、稱謝、讚美、感謝、稱頌。

以神為焦點的人有兩種外在的生命流露：

以事奉為樂 — 詩人列舉當事奉神的五大理由：祂是神；我們是祂造的；我們是屬祂的；我們是祂的民；我們是祂草場的羊（100：1-3）。

滕近輝牧師提醒我們：「許多人都以為工作才是事奉，其實工作只不過是事奉的一部分。我們要切記，敬拜讚美是事奉，生活見證是事奉。以上三個因素必須互相配合，才是完整的事奉。」

以稱謝為樂——詩人又列舉稱謝神的三大理由：「因為耶和華本為善；祂的慈愛存到永遠；祂的信實直到萬代」（100：5）。

滕牧師指出：「神是詩人最大的快樂，正如保羅說：『以神為樂』（〈羅馬書〉5：11）。這是靈性至高的境界，這境界是在愛裏才可達到的。」

這是一篇簡潔單純、活潑跳躍的詩篇。一個有焦點的生命本來是如此的。生命本來可以更加單純、更有喜樂。只是我們將生命弄得過分複雜罷了！

詩中將人比喻作「草場的羊」。羊本來就最單純、最無助、最信靠、最容易滿足——只要羊跟隨的是一位好牧人。

活在香港，要做一個生命單純、有焦點，生活得簡單的人，並不容易。

主啊，我的好牧者，我願意做你的羊！

回歸母親的懷中

（讀〈詩篇〉131 篇）

〈詩篇〉131 篇描寫我們與神之間的一段情，是較易被忽略的一種關係 —— 母親和兒女的親情。

林布蘭（Rembrandt）的名畫《浪子回頭》（*The Return of the Prodigal Son*），將父親擁抱浪子的雙手分別繪成男性及女性的手，象徵了神的父性及母性。

每個人的內心深處，都有一顆孩童的心，需要得到父親的肯定、母親的安慰。一個缺少母親擁抱、乳養、愛撫的孩子會缺乏安全感。「平穩安靜」的心，是一顆滿足的心、安全感滿溢的心。

一個真正有安全感的人，毋須高抬自己、藐視他人，不必與他人比較（「心不狂傲、眼不高大」），亦毋須往外撲，以諸般行動及成就去證明自己的價值（「重大和測不透的事，我也不敢行」，131：1）。

回歸母親的懷中是純粹以關係為重，並不是為了什麼事工（relation-oriented vs task-oriented）。斷過奶的孩子，可以譯作吃飽了奶的孩子：一切需要都得到滿足，一心一意享受母親的慈愛與溫柔（131：2）。

有人認為這篇詩太過女性化，更將神女性化。事實上，神按自己的形象造男造女，兼備了男性與女性的特質。正因為我們忽略了神的母性，才使我們與祂的關係容易功能化、事工化，叫我們本身當有的女性素質也被埋葬了。

大衛在最後一節，邀請以色列民像他一樣，仰望耶和華，好像回歸母親的懷中（131：3)。現代人千方百計狂熱地尋索安全感，卻不曉得回歸安息。安靜、默禱的操練正是要我們放下自己、放下事工，像孩子一般回到神慈愛的懷中。

附：《時代者之歌・序》

有一段日子，個人屬靈生命和事奉歷程比較特殊，經歷事奉中的高峰喜悅，也遭遇到工作過程中的低窪憂悶；與主同行中體驗到祂蔭庇的穩妥，卻又有些時刻感到神似乎靜默與遙遠。期間多次奏出信心的凱歌，同時從心底發出憂疑的哀曲：與同工配搭中嘗到肢體交心的溫暖，又不只一次陷在彼此誤會的嚴寒中。多個清晨起來覺得陽光燦爛，但轉眼間又好像行走在漆黑一片的隧道中……意想不到的是，神藉着〈詩篇〉觸動我心坎的深處。我好像第一次接觸到詩人大衛的幽暗面，也因此正視自己內裏最隱蔽的角落。

叫我得安慰的是，這位我心目中的屬靈巨人大衛，竟然也有卑微脆弱的一面：在他的豐功偉績的另一面，竟然是連番的挫敗軟弱。然而，每一篇發自深淵的詩歌，背後仍散發出充滿盼望和曙光。那時我開始明白多一點什麼是靈魂的黑夜、罪孽的深淵，及疑懼中的凱歌。

有一項意外的驚喜；我本以為〈詩篇〉純是詩人與神個人相交的心靈札記，想不到〈詩篇〉中描繪的神，是一位創造穹蒼的主，又是列邦之主、受膏之王。祂願意賜給我們一顆普世的心，好叫我們不是躲藏在祂的翅膀之下，而是振翅高飛，直到地極，成為祂的見證。多篇〈詩篇〉都洋溢着使命感，及充滿着宣教的信息。

我要感謝那羣伴我同行的「突破」同工。每個星期，我們都抽出一個清晨，一同用詩歌頌讚，一同安靜默禱、一同默想及背誦〈詩篇〉，並且分享我們心靈深處發出的呼喊。我將這同行歷程中的禱文，都記載在《時代者之歌——融入生命的〈詩篇〉默想》這本札記中，也是記錄了我在這段路程中的憂疑和歡欣。

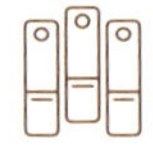

著作選輯

《以基督的心為心（上)》：本書出版於1993年，分上下兩冊，是「一載同行」靈修系列的第五、六本，以四福音為基礎，探索基督的心：君王的心、僕人的心、人子的心、神子的心；以基督作為認識神的起點。

虛己的心

認識自己是個人成長的出發點，然而我有這樣的掙扎：當我發掘更多自己的優點時，會有點從沾沾自喜進至輕飄飄的感覺，從自我欣賞發展為自我膨脹；再加上旁人的讚賞時，更不能自控地自高身價。另一方面當我面對自己內心的幽暗面時，便不自禁地情緒低落進而鬱鬱不歡，從自我貶抑演變為自卑自憐；再加上他人的指摘時，更不由自主地覺得自己一文不值。

我羨慕主耶穌內心那種高貴的情操。祂不被他人的褒貶動搖，面對最權威的長官不自卑，接觸最沒有身分的乞丐不自高。祂知道自己是誰，由始至終順服差遣祂的天父，忠於祂肩負的使命，毫無怨言地嘗那苦杯，走上十字架的路。

我渴慕以基督的心為心，卻在尋求一條適當的進路。保羅給我們一個重要提示：「祂本有神的形像，不以自己與神同等為強奪的。反倒虛己……」(〈腓立比書〉2：6-7）這是明白基督的心的起點，也為我們踏上「以基督耶穌的心為心」的路程提供了一個重要指標。

主耶穌基督的「八福」也是以「虛心」為起點，印證了保羅觀察的準確性。

一本重要的靈修經典是蓋恩夫人（Madame Guyon）著的《更深經歷耶穌基督》（*Experiencing the Depths of Jesus Christ*），也是以「虛己」（abandonment）為靈命成長的重要鑰匙：

> 「虛己是進入內心密室之鑰——是進入生命深淵之路，是內在屬靈生命成長的秘訣。」(Abandonment is, in fact, the key to the - inner court the key to the fathom less depths. Abandonment is the key to the inward spiritual life.)

> 「虛己就是安然將自己交託給主，行祂所喜悅的路，無論何事、何往、何去、何從，不計較個人得失。虛己是忘記昨天，並將明天交主手裏；全然投入今天，盡心為主而活。虛己是在此時此刻安然知足，無論此刻的景況如何。」(Become abandoned by simply resigning yourself to what the Lord wants, in all things, no matter what they are, where they come from, or how they affect your life. Abandonment is forgetting your past, it is leaving the future in His hands; it is devoting the present fully and completely to your Lord. Abandonment is being satisfied with the present moment, no matter what that moment contains.)

我在信主初期已開始聽一些虛己的故事，總覺得每個故事都是既愚拙，又動人。當我在大學第一年，已聽到有關占・艾略特（Jim Elliot）的故事：在 1956 年 1 月，他和四位年輕宣教士深入厄瓜多爾的蠻荒，為了接觸一羣愛加族印第安人，結果五人同日死於土人的木矛之下。想不到的是他的遺孀伊莉沙白（Elizabeth Elliot）聯同其他宣教同工仍然留在該區繼續宣教工作。最後全族土人被愛所感，全部歸信基督。

想不到在 1992 年底的一個宣教會議上，我有機會聽到伊莉沙白親身追述當年的見證，明白她在痛失新婚夫婿之時，是什麼力量催使她繼續住在這些殺夫仇人當中，再忠心服事他們八年之久。

伊莉沙白堅持一個信念：「……一粒麥子不落在地裏死了，仍舊是一粒，若是死了，就結出許多子粒來。愛惜自己生命的，就失喪生命；在這世上恨惡自己生命的，就要保守生命到永生」（〈約翰福音〉12：24-25）。

她當天並非沒有掙扎，但是她明白主耶穌的呼喚是要她過一個虛己的生活。她用三個字總結何謂虛己：

- 若有人要跟從我，就當捨己——Sacrifice（犧牲）；
- 天天背起他的十字架來——Suffering（受苦）；
- 跟從我——Obedience（順從）。

這些年來，我體會到虛己是個學不完的功課，願意安然放下自己原來的心思意念，跟從基督的心意，有時候並不容易。在一些重要的人生抉擇上，掙扎較為明顯：醫學院畢業後留在加拿大抑或返港？繼續在我熟識的醫療界留職，抑或投身我沒有把握的文字、輔導工作？九七當前，去或留？然而，我發現真正的考驗是在日常生活的細節中：如何與一些個性上有衝突的人同工？如何服侍一些自己覺得難以接納的人？與最親密的人（太太、兒子）共處一室也難免呈現矛盾，如何和諧共處、真正彼此接納？關鍵仍然是學效基督 —— 虛己！

我們透過〈路加福音〉的幾段經文探索耶穌基督「虛己的心」：從祂的降世為人、從祂在客西馬尼的禱告中，我們得窺祂如何虛己。默想當中，不要被四周事件分散你的注意力，嘗試捕捉耶穌基督內心的思想、感受，及意志上的爭戰。

在保羅書信中，〈加拉太書〉最強調「與基督同釘十字架」：虛己是一個「釘十字架」的歷程。要以基督虛己的心為我們的心，我們一定要明白並實踐與基督同釘十字架。

虛己的人一定先要有勇氣面對真實的自己，逃避自己並非虛己的表現。在安靜默想當中，聖靈引導我們發現自己更多，讓我們謙卑到神面前認罪，在十字架上與基督同死，經歷祂賜與新生的力量。

無懼的心

「勇者無懼」是中國儒家思想中推崇的內心境界。

「不要怕、只要信」是主耶穌的勸勉，祂在地上的時候也活出了王者的風範——心中無懼。

焦慮（anxiety）和恐懼（fear, phobia）是現代人的心理症狀。焦慮是心中為説不出的原因而惶惑不安，恐懼則有較明確的原因而進退失措，兩者都是一種「失控」的狀態（loss of control）！

現代的社會卻叫我們經常產生「失控」的心態。我們對香港的明天沒有把握；疾病叫我們對生命沒有把握；親友的分離叫我們對人際關係失去信心；工作的節奏及變幻叫我們對日常工作也不易掌握；天災及環境污染叫我們對本來最穩定的大自然也失去安全感……在「失控」狀態中我們最需要一顆無懼的心。

〈馬太福音〉着重描寫主耶穌為王，這卷書的主題是「國度」，正好配合王的權柄及管治——He is in control！讓我們透過〈馬太福音〉進入基督那無懼的心。

在〈馬太福音〉1 至 14 章，主耶穌面對風浪無懼，祂是大自然的主；主耶穌面對撒但的權勢無懼，祂的權柄與能力掌管萬有，包括一切執政的、掌權的、管轄這幽暗世界的，以及天空屬靈氣的惡魔；主耶穌面對死亡無懼，祂從死裏復活，並帶着權柄差遣我們到普天下去；祂是生命的主、萬民的主、列國的王。

鍾馬田（Martyn Llyord-Jones）寫〈哈巴谷書〉的釋經時，以 *From Fear to Faith* 為主題。他認為克服恐懼的關鍵在乎信心——"I am no longer in control, but I believe He is in control！"

保羅寫信給怯懦的提摩太，也是勸勉他在基督裏重建無懼的心，「……神賜給我們，不是膽怯的心，乃是剛強、仁愛、謹守的心」(〈提摩太後書〉1：7)。保羅在書信中以身作則，激勵提摩太在面對福音的挑戰、苦難的考驗、末世的危險，及死亡的威脅時，都可以安然靠着基督保持心中無懼。

1992 年我曾撰寫一本小冊子，名為《征服恐懼》，想不到引發了不少機會與青年人暢談恐懼，並如何克服恐懼心理。下面是一些觀察和反應：

一、我發覺男士始終較難承認自己內心隱藏的恐懼，這與我們的文化傳統有關。恐懼似乎是女性專用詞，男士承認有恐懼便等於自認是弱者。有些男士把恐懼壓抑、遮掩，最終連自己也不察覺。潛伏的恐懼比明顯的恐懼更難處理。請你嘗試寫下五項你所恐懼的人、物或事，且看你對自己的恐懼認識有多少？

1. 2. 3.

4. 5.

二、我發現下列的項目關係密切：昨日的創傷—今日的恐懼—明日的憂慮。

恐懼是一種成長中形成的心態。曾經被人傷害，便會對人失去信心，進而對人產生恐懼，並且憂慮日後如何與人交往。要清除明日的憂慮，克服今日的恐懼，需要醫治昨日的創傷。

三、一般人消除恐懼的方法是嘗試更換、改變，或逃避某些處境。只是人間並無真正的樂土，有人的地方便有創傷，而且疾病、死亡更是沒有人能夠逃脱的現實。因此，真正的處方是尋求內裏的醫治、信心的重建。基督是那位真正的醫治者，並且是信心創始成終者。

有些恐懼可能無傷大雅。畏高、怕水都較易防避。另有些恐懼卻會製造事業與家庭的震盪：「九七恐懼症」叫很多人遠走高飛。還有些恐懼叫自己失去安寧，就如多少人因為懼怕死亡而終日忐忑不安。

最可憐的還是對人的恐懼，造成自我的孤立。恐懼確能叫人癱瘓，無懼的心是真正的自由。

歸回寧靜中是常住在神的愛裏，在愛裏沒有懼怕。我不敢說自己心中全無恐懼，但是靠着基督的恩典，我對父親及權威的恐懼感，對九七及強權的畏懼，都逐漸被父神的愛所遮蓋，心裏有無盡的感恩。

克服委身的恐懼

今天的香港人似乎普遍有一種恐懼委身的心態（fear of commitment），投資是短線的、工作是短期的，婚姻也是有期限的——“till divorce do we part”取代了“till death do we part”，對教會也不敢投身，對香港這變動中的城市更不敢委身！

要克服這種「委身恐懼症」，我相信應該從委身基督作為起點，一個真正委身基督的人，在人生的路上才有委身的信心和勇氣。

當保羅身受捆鎖之苦，面臨極度惡劣的社會環境之際，他執筆寫最後一卷書信，勉勵提摩太委身基督。在這卷感人的凱歌中，保羅引用了一首詩歌，向提摩太提出挑戰、勸勉、警誡與安慰，我給這首詩命名為〈委身基督〉（〈提摩太後書〉2：11-13）。這四句詩歌，不單闡明委身基督的奧秘，更是醫治「委身恐懼症」的良方。

「我們若與基督同死，也必與祂同活」——付代價的委身。

我想起潘霍華（Dietrich Bonhoeffer）的話：“When Jesus Christ calls a man, he bids him to come and die！”今天我們傳的可能真是「廉價的恩典」，少談「與基督同

死」—— 是對罪的死、對自己的死、對世界的死；是昨天透過相信及受洗與基督的死認同，也是捨己背起十字架，與基督一同受苦、天天的死。

願意與基督同死的人，才懂得與祂同活！「我們若能忍耐，也必和祂一同作王」—— **長期的委身**。忍耐不是無奈的忍受，而是在最惡劣的環境中，堅定作戰，向世界誇勝。

今天的時尚是稍不如意便轉工、轉教會、離婚、移民……我們不再明白，也不願意面對任何苦難。西方一些傳揚成功神學（prosperity gospel）的也是教導我們追求快樂與成功。

香港在轉折期，以至九七之後，都會有考驗，但是我們相信基督是主，我們也必與祂一同得勝。

「我們若不認祂，祂也必不認我們；」（〈提摩太後書〉2：12）—— **輕慢不得的委身**。

委身基督是接受基督的主權，讓祂掌管生命。「不認他」包括了不再承認祂為主（deny），及和祂斷絕關係（disown）。

基督是輕慢不得的，祂不認我們的結果是叫我們面對困境時被氣餒、挫敗、無能，與無力所吞噬，出現身分危機與能力危機。

「我們縱然失信，祂仍是可信的，因為祂不能背乎自己。」(〈提摩太後書〉2：13)——最安穩的委身。

保羅引用這首詩的最後一句，以一個極寶貴的應許作為結束，這節經文也是戴德生（Hudson Taylor）最喜愛的金句之一。

在跟隨基督的路上，難免有信心軟弱，甚至跌倒的時刻。面對不可知的未來，我們的信心可能會動搖，但是基督的慈愛、憐憫、饒恕，與能力，永遠不會改變。

但願我們專心一意的委身基督，在這根基上學習彼此委身，並且同心委身這變動中的城市，服侍那在動盪中成長的一代！

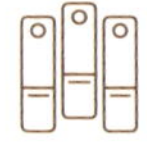

著作選輯

《靜聽聖靈的微聲（上）》：本書出版於1993年，分上下兩冊，是「同行一載」靈修系列的第九、十本。本書旨在幫助信徒透過經文，對聖靈加深認識，學習聆聽聖靈的聲音。

三重的印證：聖經、實踐、教會

學習聆聽聖靈的聲音是一生之久的功課，連一些有經驗的屬靈長者也會有錯失。撒母耳要揀選一個新的王取代掃羅時，也險些以己意為神的心意，後來耶和華親自提醒撒母耳：

「不要看他的外貌和他身材高大，我不揀選他。因為，耶和華不像人看人：人是看外貌；耶和華是看內心。」

（〈撒母耳記上〉16：7）

在我個人的經歷中，與神溝通經常有一種對着鏡子觀看，模糊不清的感覺，並且會有錯誤，需要取得多方面的印證，才敢肯定真是聖靈對自己的感動。在學習的過程中，要膽敢求證、不恥下問。

下列是三方面的印證，叫我們更有把握所得的感動真是出於聖靈：

一、《聖經》是神所默示的，聖靈是三一真神中的一位。神不能背乎自己，所以聖靈的引導一定不會與《聖經》的啟示有所衝突。

當有人說聖靈感動他要和妻子離婚時，我必定嚴重質疑，因為「耶和華 —— 以色列的神說：『休妻的事和以強暴待妻的人都是我所恨惡的！……』」（〈瑪拉基書〉2：16）因此，《聖經》仍然是屬靈操練的根基。若是偏離了真道，小則個人的道路容易偏差；大則以聖靈引導為名，產生諸般異端邪說，十分危險。

二、有時心中覺得有特殊的感動，所導致的行動並沒有違背《聖經》的道德標準，但是卻不能肯定是聖靈的感動，抑或是自己的衝動。在這種情況下，可能要付諸行動，才能印證是否出於聖靈的指引。一個日常生活中的例子：我多次覺得心中有特別的「感動」，要探訪某位病者，或與某人聯絡，心中忐忑不安。付諸行動之後才察覺該位病者垂危，或某人有特別的需求，正好我的出現能夠回應他們的需要，自己內心也在事後有種釋然的感覺。

三、教會一些不會虧損他人的行動，不妨大膽付諸行動，在實踐中印證是否出於聖靈的帶領。但是，有些行動是牽連他人的，後果並非個人所能承擔，應該與教會中的長者或肢體分享，他們的代禱及回應，往往會成為一種印證。最常出現的困惑是神有沒有對他作出呼召的。有人往往大發熱心，覺得自己被聖靈感動，要當宣教士。我認為這不單是個人的感動，還需要教會牧者的印證、其他肢體的代禱、神學院的鑑別、差會的甄別，才確定一個人是否被神呼召，適合到遠方當宣教士。因為同一位聖靈居住在眾聖徒心內，屬靈的羣體的印證是重要的，眾醉獨醒的情況始終是少數，不能以偏概全。

安靜默禱是學習聆聽的時刻，除此之外，每天仍要研讀及默想神的話，對聖靈的認識加深，這是《聖經》的印證。我們在靈修中有所領受，或經歷聖靈的引導，要憑信心付諸實踐；坐言起行的人才是真正跟隨基督的人，這是實踐的印證。每週與靈修小組的肢體們分享自己靈修中的領受及回應，彼此聆聽及代禱，互相支持及勸勉，這是教會的印證。

沒有人敢誇口自己聆聽聖靈的聲音絕對準確，我們只是每天不斷的學習，在這過程中逐步與聖靈成為密友。

重新認識這位朋友

有誰不渴求一個長期作伴、明白自己、隨時安慰、坦誠勸勉、不斷代求、給予力量、同經憂患、加添喜樂的朋友？可能我們忘記了，這位朋友已經住在我們的心中──自從我們接受基督為救主、重歸天父的懷中成為他的兒女那一刻開始！

「我要求父，父就另外賜給你們一位保惠師(*parakletos*，是作伴同行的朋友、導師、安慰者、輔導者的意思)，叫祂永遠與你們同在。」

(〈約翰福音〉14：16)

這是主耶穌上十架之前所留下的應許：聖靈要住在每一個相信基督的人的心中，長久作伴。

侯士庭（James Houston）在著作《轉化生命的友誼》（*Transforming Friendship*）中，稱聖靈為“Transforming Friend”（更新我們的朋友）。作為朋友，聖靈提醒我們、警戒我們、醫治我們、潔淨我們、加力量給我們、將恩賜分給我們，引導我們明白真理、幫助我們與基督及天父建立個人關係、為我們祈求，並且時刻與我們作伴。

只是在這個充滿噪音、人聲夾雜、每個人都不斷往外撲的世界：爭奪身分、名、利、成就，哪裏尋得片刻寧靜！即使安頓下來，內裏也是眾聲齊發：個人情慾的呼喊、昔日創傷留下的哀鳴、良心的控訴、他人期望化成內在的催迫，還有——那惡者的引誘、迷惑，或恐嚇……聖靈那微小的聲音被淹沒了！

我們要在安靜中重新認識這位朋友——這位天天與我們同住、同行的聖靈，祂既是居在我們體內，長駐我們心中，卻又似乎那麼遙遠。我發覺〈詩篇〉對自己有很大啟迪作用，因為詩人都是有血有肉、坦誠率直的人，卻能夠在諸般的抑鬱、煩躁、憤怒、失望、悲觀、無助、絕望等情緒中撥開雲霧，得聽聖靈的聲音。他們認識聖靈是創造者（〈詩篇〉33：6），掌管宇宙與歷史進程（〈詩篇〉104、29、30 篇），良善的教導者（〈詩篇〉143：10），及個人的輔導者（〈詩篇〉51：10-12）。詩人都是清心的聆聽者，聆聽是建立關係的第一步。

我愈來愈珍惜每天安靜默禱的時間，我仍然是以二十分鐘作為一個單元。雖然我並非刻意的去追求認識自己，但是在那短暫的靜默中總覺得有些意外的發現：我以為自己已經饒恕了某人，原來他的影像仍然不斷浮現，並且挑起自己的憤怒和怨恨；想不到心中仍然為一些似乎不足掛齒的事憂慮，尚未真正放開懷抱；在處理百般的事務中對自己感覺有點麻木，但是在安靜中才接觸到心中憂戚的一面。

當我更認識自己較為隱藏的一面時，我更曉得辨別哪些發自內裏的聲音，哪些是屬於自己的聲音。向昔日的詩人汲取與聖靈溝通的經驗，亦借助弟兄姐妹間彼此的交流互相學習和印證。我羨慕〈詩篇〉的作者那種敏鋭的觸覺及誠實的態度，因為我有時不敢承認那些消極的思想、自私的動機、灰暗的感受，竟然是自我的一部分！

倘若我説對自己的聲音並不熟識，那麼我對聖靈的聲音更是經常有種陌生的感覺。《聖經》讓我對神的性情及處事方式有更深的了解，又讓我觀看昔日聖靈如何與人溝通，更明白聖靈在人心中工作時所帶來的反應和轉變，叫我不是單憑主觀去判斷內心的感動是否出於聖靈。

安靜中學習聆聽

屬靈操練重要的一環是安靜的操練，在安靜中我們更清楚洞察自己內裏的思想、感受及意圖，甚至進一步辨別哪些是在潛意識中不斷影響我們的其他聲音：父親、母親，或其他重要人物。我們還要細心明辨哪些是撒但干擾或引誘我們的聲音。聖靈的恩賜之一是辨別諸靈。最重要的是我們要學習聆聽聖靈的微聲。

聖靈不像基督降世為人之時，有血有肉、有影有音，所以聆聽聖靈並非肉身聽覺的操練，乃是心靈觸覺的操練。我們以《聖經》中有關聖靈的教導作為出發點，成為我們辨別聖靈工作的基礎;再學習在安靜中過濾其他雜聲、認定聖靈的聲音。

安靜不是環境的問題，乃是心境的問題。清靜的環境有助內心的清靜，但是更重要的是在日常的生活中，即使環境繁囂、人聲嘈雜，仍然能夠經歷與聖靈同步。

《聖經》對培育安靜的心境，有如下的教導——

- 信心：我們憑信祈求並領受聖靈（〈路加福音〉11：13），並且信心叫我們能夠進入肉眼不能見的領域（〈希伯來書〉11：1）。

- **清心**：清潔的心、單純的心，叫我們得見神（〈馬太福音〉5：8）。我們要學習更專一的思念上面的事，祈求基督每天潔淨我們的心。

- **順心**：更重要的是一顆順從的心，才不致叫聖靈擔憂。神應許將聖靈賜給「順從之人」（〈使徒行傳〉5：32），保羅教導我們當「順着聖靈而行」（〈加拉太書〉5：16）。聽而不行的人，只會逐步消滅聖靈的感動。

聆聽聖靈要有一顆安靜的心；這是信心、清心，與順心的操練。

一個好的輔導員必須是個好的聆聽者，學習如何在心煩意亂當中，清理自己的心情，以致能夠專心聆聽。一個與聖靈同行的基督徒必須是個好的聆聽者，這是一個每天經歷洗滌、每刻學習順服的長遠功課。

每天抽出固定的時候安靜、默想、默禱，確有一種洗滌作用，更容易維持心境的平靜，是三一神親自叫我們重享平安。經過了大半年的定期操練，但願安靜已成為我們的時間表中不容侵奪的一部分，最終讓安靜成為我們從早到晚的生活方式、內心境界。

二、自己

你認識自己嗎？

我曾帶領一個與學校合作的計劃服侍，對象是家長、老師，他們因教養、牧養青少年子女而感到困擾，精神健康欠佳。我們幫助他們成立小組，彼此照顧互相扶持，免得他們與青少年同行時單打獨鬥，變得孤單，容易耗盡（burnout）。我們的工作是進入現場，選擇入場，因為同行就是需要入場，場外實在無法説三道四，要使對方感到我們能明白他的處境，而他們也要信任我們，才能容許我們入場。

然而一旦進入現場，一切與青少年有關的事都不斷要參與，又出力、又發聲，會十分疲倦。青年工作者所面對的疲憊，除了身體上的疲累，還要應付心力、腦力和感情上的波動，正如俗語説的：「心疲力竭」。心力透支會引起「內亂」，「內亂」便引來「外急」，很急躁地想儘快解決問題。加上香港這個急促的城市節奏下，我們很容易失去作息、動靜的節奏。我也是個不斷行動的人，缺乏了靜的空間，那麼動就會變成亂，連自己的節奏都失調。幸好過去有太太的適時提醒。加上信仰亦提醒我要休息，神創造的世界是有節奏的，有休息的。我要自我提醒不忘這種節奏：常在安靜中反思：我耗盡嗎？有枯竭嗎？有失去節奏嗎？仍活在恩典中嗎？

故此青年同行者或工作者必須定期安排一些時間，放下工作，退下來安靜。我以往都會安排時間休息退修，也特地去外國一些退修中心、退修營地。我曾試過在外國退修四十天，讓我可以休息，是一段在主面前重新得力的時間。在營內，我每天讀經，也有生命導師與我傾談，盧雲（Henri Nouwen）每天給我進行靈性指導。我鼓勵青年工作者安排空間休息，要有退下來的時間，否則很容易出現耗盡。

要是青年工作者在崗位上感到耗盡了，就更需要停下來休息，誠實面對自己和同工，向同伴表明自己的情況，說明自己已無力，要退下來重整生命。有時即使我們知道自己已經耗盡，卻不願承認，外表強裝堅強，我勸工作者千萬不要偽裝、「扮野」。只要誠實向同工、向自己承認。

耗盡的工作者不容易恢復，我曾介紹他們去退修的處所，讓他們在該處醫治和恢復。

各人恩賜不同，互相分擔，便能彼此配搭，互補長短，千萬別獨自去承擔所有工作，這樣才不會太容易耗盡。

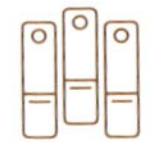

著作選輯

《相遇寧靜中》：本書出版於 1993 年，分為上下兩冊，為「一載同行」靈修系列的第三、四本，以禱告操練為主題。

心靈中的對話

1987 年 6 月，我與太太一同參加一個生命重整營（life revision seminar），營會在瑞士山嶺上的小村莊 Rasa 舉行。居住簡樸卻幽雅的石屋，身處莊嚴卻又溫柔的羣嶺懷中；沐浴於神的話語之內，細緻地重溫生命歷程；進入自己心靈深處，憧憬着自己的未來；並與配偶及來自多國的十多位肢體深交，這是人生中難得的山峰經歷。

其中一天清晨默想的經文是〈路加福音〉10 章 38 至 42 節，我在靜默之中，彷佛聽見自己在心靈深處與主耶穌、馬大和馬利亞對話。

在 Rasa 的日子，生命中的馬利亞經歷了甦醒及滋潤的福分，能夠像主耶穌的門徒般靜坐在祂的腳前，有種不配的感覺，湧流出來的是寧靜的頌歌，體驗到為何主耶穌說：「清心的人有福了。」

在人生眾多的事務中，真正重要的其實不多，不可少的只有一件，我為自己選擇了那上好的福分而高興。

聽見另一個馬大向主耶穌投訴的聲音，這聲音在自己生命中並不陌生：為事務奔波煩擾、感歎事奉的孤單、求助的呼喊、與他人的比較，也在疲累中夾雜着煩躁與不安。

在主耶穌柔聲呼喚中，馬大寧靜下來。事奉何嘗不能經歷平靜與安穩呢！

心中會憂慮自己離開 Rasa，再返回繁囂的香港，再度面對四方八面的壓力，是否會重新觸發自己心中馬大的不安？

主耶穌的話帶來無比的安慰，我「已經選擇那上好的福分，是不能奪去的。」不錯，我有選擇的權利與責任——I have a choice ！

在心靈隱密之處，我聽見主柔聲對馬大説：凡事都有定時；勞碌有時、事奉有時、靜默有時、休息有時。

我的心哪，只管休息！在寧靜中不必咒詛事奉，在事奉中毋須扼殺寧靜，讓馬大和馬利亞在我生命中和睦共處！

生命不斷重整

1988 年 8 月初有機會參與白基瀚博士夫婦主領的生命重整營。有弟兄問：這是你第幾次參加這類的生命重整營？一算之下，原來連同到瑞士那趟，這已經是第四次了。他語氣及表情帶點驚訝，追問還有什麼新的領受？我簡短地回應，生命重整是一生之久的課程！

就讓我稍為分享這次退修當中，一些在神面前反省的點滴。

*　*　*　*

急促的生活節奏，多方面的事奉擔子，再加上最近酷熱潮濕的天氣，開始覺得身體疲乏。

郊野清新的空氣，清晨海水的洗滌，幾陣迎面的驟雨，加上每天長時間的安靜與默想，身體的力量每天加增，靈魂漸覺復甦。

*　*　*　*

我經常給人一種充滿信心的感覺，但是自己心底知道：在香港社會急劇轉變中，經濟與政治的問題都是自己陌生的；當步入資訊年代之際，「突破」不斷開拓新領域，自覺屬靈的洞察力及領導能力都有諸般限制；當兒子經歷少年期的衝擊，有時竟然束手無策；面對華髮漸長的雙親，總覺得自己仍未學會與他們深入溝通……

父神並未一一為我解決上述的問題，卻從最基本的層次去處理我的信心問題。

祂柔聲對我說：「你的肺腑是我所造的，你在母腹中，我已覆庇你。」

祂以堅定的語氣表達對我的接納：「我已賜你權柄，作我的兒子。……你是我的愛子，是我所喜悅的。」

當我仍向外尋求智慧與能力之際，我又聽到內裏發出的聲音：「豈不知你的身子就是聖靈的殿嗎？……我在你隱密處，必使你得智慧。」

外在的景況仍未改變，但是一股力量從內裏重新湧現，連自己也驚訝，在安靜之中，信心已經被重建起來。

* * * *

最近內心多次浮現一種孤單感，深切地感受香港社會及教會人才外流所造成的空檔，間歇掠過一種「被遺棄」的感覺。

今次有三十多位肢體參加退修營。望着三十多張可愛的臉孔，其中有多位教牧，也有「突破」同工，一股暖流油然而生：他們是我的肢體和戰友，他們愛這個城市的迫切情懷，打動了我的心。

*　　　*　　　*　　　*

生命重整永遠沒有畢業的一天。我忽然更加體會到為什麼主耶穌在地上的日子，總與羣山和曠野結下不解之緣。

寧靜中與真我相遇

許多人害怕獨處與進入寧靜，是因為不敢面對自己。

在繁忙的節奏、急促的行動中，我們容易忘記自己的真正面貌，而單憑工作的成果、他人的評價去肯定自己的價值。我們容易陷入自欺的景況，相信自己的外露形象便代表了真正的自我（true self）。

真正的自我往往在寧靜中原形畢露。不要以為進入寧靜一定是帶來喜悅和平安的經歷，有時在安靜中，反而發掘了更多的苦惱：原來我未真正赦免他、原來多年前的傷口仍在淌血。……我以為自己大方，卻想不到器量如此的小；我還自誇無私，卻竟然未能卸下私心；我會假裝得泰然無懼，卻竟是如此怯懦；我還為自己的謙卑沾沾自喜，卻原來掩飾了自己的自高；我本以為自己動機純良，卻竟是攙雜了不敢告人的慾望；我外表可能表現得冷靜，內裏卻是壓抑着不願人知的憤怒、惱恨，或妒忌……

當我們默想或默禱，很多思想不自禁地湧現，壓抑着的感受可能顯露，連平日不察覺的慾念也可能呈現心間。讓我們學習坦誠地面對那真正的自我，並且在聖靈的光照下，基督的蔭庇下，天父的慈愛中，逐步處理那平日被忽視或隱藏的內心世界。寧靜中與真我相遇，其中可能有苦楚，卻是成長過程中必經之路。

寧靜中與三一神相遇

倘若在寧靜中只是與自己相遇，我們可能會將自己趕進自卑、自憐、自困的窮巷裏；我們膽敢進入寧靜，是因為三一真神應許在寧靜中與我們相遇。

天父向我們發出呼喚：

「我兒，要將你的心歸我；你的眼目也要喜悅我的道路。」

（〈箴言〉23：26）

「你們要休息，要知道我是神！」

（〈詩篇〉46：10）

「……你們得救在乎歸回安息；你們得力在乎平靜安穩；你們竟自不肯。」

（〈以賽亞書〉30：15）

基督也向我們招手：

「凡勞苦擔重擔的人可以到我這裏來，我就使你們得安息。」

（〈馬太福音〉11：28）

「我不撇下你們為孤兒，我必到你們這裏來。」
（〈約翰福音〉14：18）

「我是葡萄樹，你們是枝子。常在我裏面的，我也常在他裏面，這人就多結果子；因為離了我，你們不能作什麼。」
（〈約翰福音〉15：5）

聖靈更是我們每一刻的同行者與安慰者：

「但保惠師，就是父因我的名所要差來的聖靈，他要將一切的事指教你們，並且要叫你們想起我對你們所說的一切話。」
（〈約翰福音〉14：26）

「況且，我們的軟弱有聖靈幫助；我們本不曉得當怎樣禱告，只是聖靈親自用說不出來的歎息替我們禱告。」
（〈羅馬書〉8：26）

生活在一個世界級的大都市，我內心有三股強烈的感覺，卻在歸回寧靜，與三一神相遇中得到適切回應：

- 孤兒感——生活在「沒有父親」的年代中，特別是香港人，會常有一種被棄的感覺：先被中國、後被英國所棄；在家中的父親常不在家；在教會中亦未必得到牧養；社會中的領袖亦不少棄港而去。在寧靜中經歷天父親自的牧養，消除這種孤兒感。

- 迷失感——政制急劇轉變，明天並不可測，領導層反覆無常，經濟情況起伏不定，價值觀念不斷蛻變。唯有那位自稱「道路、真理、生命」的基督能給予一份鮮明的方向感。

- 無力感——不論在家庭、工作、教會，或社會中，要肩負的擔子明顯地超越本身的負荷能力，以致產生強烈的無力感。在寧靜中得到聖靈的安慰、代求，及每天更新的能力，以致奔跑不致疲乏，力量不致衰竭。

密室、曠野

「你禱告的時候，要進你的內屋，關上門，禱告你在暗中的父；你父在暗中察看，必然報答你。」
（〈馬太福音〉6：6）

學習禱告，地點重要嗎？《聖經》不是教導我們，隨處禱告、不住禱告嗎？禱告確不受地點時間所限制。

但主耶穌教導門徒禱告時，又教導他們進入內屋、關上門禱告。這是安靜、獨處的禱告，在暗中、不張揚、密室的禱告。

《聖經》中的人物，在他們禱告的時候，都有他們選定的「密室」：但以理回到自己家裏，在樓上一個向着耶路撒冷的房間內禱告；哈巴谷站在守望所、立在望樓上觀看，看耶和華對他說什麼話；彼得卻是上房頂去禱告；主耶穌則愛到客西馬尼園禱告。

默禱是在寧靜中與主相遇，是密室的禱告。我發覺安靜的環境可以減低干擾，減少分心。在家裏，我通常選擇在臥室內，關上房門禱告，或到天台一個安靜的角落進行默想和禱告。香港的居住環境擠迫，往往不能避免鄰舍的噪音，要找到一個安靜的密室並不容易。以下是一些可以參考的建議，如有些教堂是開放讓人進去祈禱的；香港各處都有一些大大小小的公園或休憩的地方，我也在九龍公園找到一些較為寧靜的角落，可以安靜禱告；晨早，大夥兒尚未上班之前，辦公室也有一些較為安靜的空間，可以作為靈修之用。你可會選定一些作為恆常禱告之用的密室呢！

除了密室的禱告外，還有曠野的禱告：「次日早晨，天未亮的時候，耶穌起來，到曠野地方去，在那裏禱告」(〈馬可福音〉1：35)。

曠野的禱告是暫離繁囂的人羣，退到安靜的山上、曠野，在安靜中重新得力。(Gordon MacDonald, (1983) *Ordering Your Private World*) 摩西四十年在曠野，才領以色列人出埃及，在那繁忙的四十年中，他經常獨自一人退到山上禱告；以利亞曾退到山洞中禱告；但以理則退到河邊禁食禱告。主耶穌出來傳道的前奏，也是在曠野四十晝夜禁食禱告，在三年多的傳道生涯中，也是經常退到山上、曠野禱告；保羅在踏上宣教旅程之前，也有三年時間退到阿拉伯，然後再回大馬色，才上耶路撒冷。

在繁忙的生活節奏中，我們往往身不由己地被環境催迫，不自覺中失去自己，更逐漸與神疏離，最終是油盡燈滅(burnout)！恆常的密室禱告，叫我們的心力得以維持；按時退到曠野的禱告，則叫我們的力量經常得到更新。

我在加拿大的溫尼辟唸書，那七年好像退到曠野的日子，很多時間面壁、獨處。我十分懷念那段安靜的日子，當然在安靜中仍然在大學、教會中有團契與事奉的操練。畢業後回港工作，轉眼已過了二十年，回顧這段衝鋒陷陣的日子，每天都面對數不盡的人、處理不完的工作，有時自己也覺得筋疲力竭、精力耗盡。回顧當中，最感恩的是找到一些我能夠退隱的曠野，在安靜中經歷心力的更新。

下面是一些我喜愛的「曠野」：我家附近的道風山，那高大的十字架下；長洲有幾間安靜的退修中心；大東山頂的那些石屋；「突破」也有一個小小退修之所，讓同工可以安靜禱告。我有時更會退到更遙遠的地方 —— 加拿大、瑞士，在安靜的山頭或村莊，學習在平靜安穩中得力。

每個人都有自己的偏好，我對山和海特別偏愛，總愛選擇上山；或到海旁，在寧靜中見主面。你也會經歷過曠野的禱告嗎？你可會發現，在香港這個擠滿了六百萬人的城市背後，原來還隱藏着少見人煙的曠野。

靜，隨想和經歷

靜，並非抽象的觀念，乃是多年來與神同行中具體的經歷。

在香港這個高壓的社會中，生活和事奉經常都有身心疲乏的感覺。在繁囂、煩亂、競速、競力的香港，靜是失落了的藝術。

失去了靜，便失去了自己！人不再靜，便與大自然失去接觸，不再曉得與自己的心靈對話，更與萬有的創造者失去聯繫！讓我們在不忘工作與事奉中重新建立靜的生活方式，在靜中回到神的面前重新得力。

Silence（寧靜）："God is the friend of silence." 靜的操練需要時間與空間。主耶穌在最繁忙的日程中都着意在清晨或晚間抽出時間，退到他一些經常與神相交的空間——曠野、山上、海旁、客西馬尼，要騰出時間與空間，在乎我們的價值觀與優先次序，也是自律的操練。

尋求寧靜最大的動力，仍然是父神的愛。

Solitude（獨處）："Solitude is different from privacy." 獨處是安靜中與神相交，並非單是為了建立私人空間。有勇氣獨處的人才會闖進自己的心靈深處，甚至洞察自己心中幽暗的角落。

大衛說：

「你在我隱密處，必使我得智慧。」
(〈詩篇〉51：6)

曉得獨處的人，不單進深認識自己，更與神建立深交！在獨處中與自己和好的人，容易進入羣體，與他人建立真正的關係。

我的主・我的羊

在默想及默禱的操練中，最大的挫敗感是不知如何處理那些浮游的思想、不能預測的感受，及難以自控的諸般慾念（這些似乎零碎的影像，都是自我的一部分）。

《聖經》用不同的比喻形容我們與主的相交：我們在寧靜中與主相遇，就好像羊回到青草地、溪水旁，靜享牧人的牧養一般。耶和華是我們的主人、我們的牧者，我們是祂的羊。

讓我們嘗試從另一個角度去借用這個比喻，藉此明白寧靜中我們經歷的起伏思潮，並如何處理那些似乎不能馴服的思想。

不要忘記：我們是自己思想的主人，在某種層面，諸般在腦際浮現的思想是我們的羊。讓我們借用《聖經》中的形容詞來描繪這羣衝破寧靜，在我們腦海中湧現的羊。

- 安歇的羊 —— 思潮平復，進入寧靜中（stilled thoughts）。
- 甦醒的羊 —— 有創意的思想（creative thoughts）。
- 失喪的羊 —— 無方向地流動的雜亂思想（wandering thoughts）。

- 被逐的羊——自己也不能接納、受壓抑的思想（suppressed, denied thoughts）。

- 受傷的羊——被他人傷害、遺留下來苦澀的思想（bitter thoughts）。

- 有病的羊——不健康、有傷害性的思想（pathological thoughts）。

- 肥壯的羊——因為放縱、沉溺而壯大的自我中心思想（addictive, egocentric thoughts）。

好牧人認識他的羊，讓我們也認識自己的思想，並且好好地「牧養」這羣羊。當我們學習進入寧靜，有兩方面要同時兼顧：

- Let go（放手）——不要在寧靜中與任何一項思想糾纏鬥爭或沉溺。羊需要自由！

- Take charge（作主）——不要忘記，我們對自己的思想要負責，在享受寧靜之後，適當地處理諸般浮現的思想：有創意的加以發揮；失喪的尋找；被逐的領回；受傷的纏裹；有病的醫治；肥壯的除滅。羊需要牧者！

當我們歸回安靜當中，往往連一些平常隱伏在潛意識中的思想都浮現出來，這些思想有些我們可以自行處理，也可能需要尋求輔導員或靈修導師的輔助，才能深入明白及處理。

在我個人默想及默禱的操練中，不斷入侵並干擾寧靜的思想往往成為自己的困擾。我曾經嘗試抗拒，及壓抑這些氾濫的思潮，卻發現適得其反，在抗衡中，這些思潮變成更洶湧的波濤。

現在，我對待這些思想如同自己的羊，無論是黑羊、白羊、山羊、綿羊，我都接納他們是自己的羊。我承認自己有善良的意念，也有醜惡的思想，我不敢自欺。在默想當中，我不嘗試立刻處理各樣的思想，只是讓這些羊默默地出現，靜靜地離去，有些羊不願離開，我會告訴他，我一定會稍後好好地牧養，不會輕忽牠的呼叫。

默禱的主要目標是進入寧靜，與主相交。我發現干擾寧靜的思想通常有幾方面的起因：最常見的是因為心中牽掛着未完成的事務、未處理的關係；另外一個重要的因由是過去未經醫治的創傷，也會挑起諸般負面的思緒。學習安靜的好處是加增對自己的認識，但是認識只是起點，仍需鼓起勇氣去處理思想上諸般的結，這些結逐一按時解開，才能真正享受聖靈所賜的安寧。

說不出的歎息

在安靜中，我們一方面容易受起伏的思潮分散注意力，未能專注地親近神；另一方面會受波動的情緒困擾，陷於自困的景況不能自拔。

在寧靜中與主相交，並非要追求某種特殊感受，安靜的時刻往往在平淡中經過，並無驚天動地的感覺。然而，有時會有些感受不自禁地在心底湧現，倘若我們曉得辨別這些情緒，亦會有助克服障礙，更暢通地與主相交。我們當然嚮往從天父而來的平靜和安穩，從基督而來那種被饒恕、被接納、被肯定的釋放和喜悅；亦祈求得着因順服聖靈而結出果子 —— 仁愛、喜樂、和平、忍耐、恩慈、良善、信實、溫柔、節制。這些都是與神同在，同行而經歷的心靈狀況，並非環境的改變所能搖動的。

我們是活在一個充滿苦難、不公義的世界，再加上自身的軟弱、他人的罪過，難免令內心出現一些令我們困擾的感受。《聖經》多處教導我們辨別這些浮動的感覺：

- 內疚 —— 聖靈的責備必加上安慰和平安；撒但的控訴導致絕望和挫敗。

- 憤怒 —— 真正的義怒絕不違背神的公義和真理；血氣的衝

動傷害人，沒有憐憫。

- 憂愁——按神的意思憂愁，生出沒有後悔的懊悔，以致得救；世俗的憂愁是叫人死，與神更加遠離。

- 恐懼——以神為中心的恐懼叫我們敬虔度日；自我中心的恐懼叫我們逃避神、躲避人。

- 嫉妒——屬靈的嫉妒是為神的名焦急；屬情慾的嫉妒是單為自己煩躁。

- 擔憂——屬天的掛慮是因為受造之物的苦難與聖靈一同歎息；屬地的掛慮是因為個人的得失而自嗟自歎。

感謝父神，按基督的祈求將聖靈賜給我們，住在我們身體之內，用說不出的歎息替我們禱告。讓神的話語，成為我們的激勵：

> *"Let us even exalt in our present sufferings, because we know that suffering trains us to endure, and endurance brings proof that we have stood the test, and this proof is the ground of hope. Such hope is no mockery, because God's love has flooded our inmost heart through the Holy Spirit he has given us."*
>
> ~ Romans 5: 3-5 (New English Bible)

「不但如此，就是在患難中也是歡歡喜喜的；因為知道患難生忍耐，忍耐生老練，老練生盼望；盼望不至於羞恥，因為所賜給我們的聖靈將神的愛澆灌在我們心裏。」

(〈羅馬書〉5：3-5)

默禱的操練，是學習在聖靈裏禱告：讓聖靈引導我們禱告，讓聖靈為我們禱告！

戒除心癮

在寧靜中，不單思潮湧現，也不止百般感受顯露，連一些潛伏的慾念也暴露出來。要學習默禱，還要曉得如何面對那百般纏擾我們的慾念；撒但也是透過我們的私慾挑逗我們、引誘我們，最終擄掠我們。

不少心理學及神學界的研究，都不斷鑽研人的慾望，並且嘗試解釋「心癮」(psychological addiction) 的形成。一位精神病專家如此説：「我深信每個人與生俱來便有一股尋求神的慾念⋯⋯我們的經歷告訴我們：我們追求完美、尋求滿足，並渴求圓滿的人生。這是一股尋求愛與被愛的慾望」(Gerald G. May, (1988) *Addiction and Grace: Love and Spirituality in the Healing of Addictions*)。

人心中對神的渴求是與生俱來的，而且不能以其他代替品去滿足這種慾望。任何其他的人、物、諸般享樂只能換來短暫的歡愉，最終演變成為「上癮」(addiction)。

活在一個充滿誘惑的世界中，我們的慾念受到不斷的挑逗，形成一場不斷的鬥爭。《聖經》十分清楚地描繪這場內心深處的戰爭：

「因為情慾和聖靈相爭，聖靈和情慾相爭，這兩個是彼此相敵，使你們不能做所願意做的。」

（〈加拉太書〉5：17）

「人若愛世界，愛父的心就不在他裏面了。」

（〈約翰一書〉2：15 下）

「但各人被試探，乃是被自己的私慾牽引誘惑的。私慾既懷了胎，就生出罪來；罪既長成，就生出死來。」

（〈雅各書〉1：14-15）

「因為你的財寶在哪裏，你的心也在那裏。」

（〈馬太福音〉6：21）

一旦我們被錢財、物質、享樂、女色、權力……擄掠了我們的心，不容易從深淵中得到解脫。只有主耶穌能夠叫被擄的得釋放！回歸到寧靜中，在無聲中與神相遇，在靜默中聖靈發出歎息；我們會親自經歷神的恩典。

諸般纏擾我們的私慾浮現 —— 讓我們有勇氣承認自己上癮！

重燃那將殘的燈火，聖靈再度挑旺我們渴慕神的心 ——

讓神的同在填滿我們的心靈空間！

戒除心癮不能單憑消極的壓抑或逃避，因為心內的空檔必須填補。唯有那按着自己形象造人的萬物主宰能叫我們發出滿足的呼喊：

「除你以外，在天上我有誰呢？除你以外，在地上我也沒有所愛慕的。」

（〈詩篇〉73：25）

一個上癮的人，有兩方面的症狀：思想不能擺脫某些事物或人物的纏擾（obsessive thoughts）；行動反覆沉迷於某種行徑（compulsive actions）。不一定是不良的嗜好會成癮，如賭癮、煙癮、酒癮、毒癮、手淫癮、觀淫癮⋯⋯有些有意義的事物也會演變成為轄制我們的癮：讀書癮、工作癮（workaholic）、電視癮、旅遊癮⋯⋯

平常我們可能不自覺地被某些心癮支配我們的生命，以致生活節奏失調。在安靜當中，聖靈光照我們的心，將真我的實況顯露出來，叫我們醒覺自己心中仍受奴役的地方。我們靠着聖靈的能力，方能勝過那些捆綁着我們身心靈的諸般慾念。

回歸寧靜是我們的抉擇，戒除心癮是基督的恩典！

十字架：神的同在和醫治

默想和默禱的操練，是喜樂與憂傷夾雜的經歷。喜樂——因為與神相遇，經歷祂的慈愛；憂傷——因為與真我相遇，揭露了內在的創傷。感謝神，因為祂不單願意在寧靜中與我們相遇，更願意在基督裏叫我們得蒙醫治。

> 「哪知他為我們的過犯受害，為我們的罪孽壓傷。因他受的刑罰，我們得平安；因他受的鞭傷，我們得醫治。」
>
> （〈以賽亞書〉53：5）

當我們在安靜中，在聖靈的光照下，自己內心浮現多少雜念、惡念，又接觸那些被埋藏的受創感情，亦不能駕馭那些失控的慾念——我們知道自己需要醫治和赦免。莉安・佩恩（Leanne Payne）談及心靈醫治時，覺得最重要的是基督的十架、父神的同在和聖靈的安慰（*The Healing Presence: Curing the Soul Through Union with Christ*, 1985）。

斯托德（John Stott）則強調十字架在我們信仰中所佔的中央位置（the centrality of the cross），並指出十字架的中心是基督代替了我們，成就了赦免（*The Cross of Christ*, 1986）。

要勝過昔日的罪孽、過去的創傷，最重要的是重回十字架底下，仰望被釘十架的基督，經歷祂的同在和赦免（reliving the past in the presence of Christ, beneath the cross）！在十字架上，耶穌基督確實擔當了我們一切的罪和創傷，默想「十架七言」讓我們進入「基督代替了我們」的真理（Christ in our place）：

- 「父啊！赦免他們；因為他們所做的，他們不曉得。」——為我們代求，以祂的死勾消我們的罪債。
- 「母親，看，你的兒子！……看，你的母親！」——祂明白我們對家人牽掛，願意看顧我們摯愛的親人，並與他們重建關係。
- 「我實在告訴你，今日你要同我在樂園裏了。」——祂關心我們永恆的歸宿，應許消除我們的掛慮。
- 「我的神！我的神！為什麼離棄我？」祂親嘗孤單的感受，被人拒絕、出賣，甚至被神離棄的苦楚。
- 「我渴了。」——祂承受肉體痛苦的煎熬，以血肉之軀親自去經歷。
- 「成了！」——在極度苦楚之中，祂那勝利的呼聲為我們帶來盼望。

- 「父啊！我將我的靈魂交在你手裏。」——祂表達了父子深情，及祂對父神的信靠，祂的生命一切都交託給神，知道至終必戰勝死亡。

重歸寧靜，是進入至聖所朝見神的面，也是回到十架前享受神的愛。

我曾經參加過多次的靜修營，享受寧靜中與神同行的經歷。當中印象最深刻的，是每次都浮現自己在成長歷程中一些未痊癒的創傷，或未清理乾淨的罪孽，來到基督的面前，在憂傷中得到醫治。

我當了輔導員近二十年，我當然相信輔導工作的重要性；但我更深信，只有基督是真正的醫治者，輔導員所能做到的，是輔助受導者面對自己，並引導他歸回十字架前。

在默禱的操練中，若我們能夠安然地讓聖靈光照生命中的幽暗面，並坦然地來到基督的十架前，向祂認罪、悔改，經歷被饒恕、被接納的大愛，再深的創傷也能得到醫治。

在每天的默想及默禱過程中，我們可以單獨走到基督的十架前，求饒恕和醫治。不可忽視禱告夥伴及屬靈導師的輔助，讓他們為我們代求，也是得醫治的輔助途徑。倘若肢體小組能夠建立彼此信任的關係，便能發揮「彼此認罪，互相代求」，及「彼此洗腳」的治療功能。

將你經歷神同在和醫治的經歷寫下來，成為日後感恩的提醒、自我激勵的紀錄。

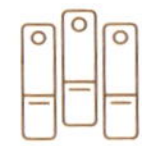

著作選輯

《繁忙人的屬靈操練》：本書出版於1992年，分上下兩冊，是「一載同行」靈修系列的第一、二本。蔡醫在本書分享屬靈操練的心得。

生命重整

重訂優先次序：不可少的只有一件

香港是個行動如行軍的社會，連教會也染上這種「行動文化」。一般信徒在社會中已疲於奔命，再加上事奉的擔子，使人更喘不過氣，難怪不少信徒感覺到身心乏力。

行動、事奉是神所喜悅的，只是當行動成為我們的目標或整體的話，我們會疲倦、忙亂、煩躁，失去與神與人的和睦。主耶穌並非不欣賞馬大的伺候，但是祂用關懷體貼的口吻提醒她：「馬大！馬大！你為許多的事思慮煩擾，但是不可少的只有一件；馬利亞已經選擇那上好的福分，是不能奪去的」(〈路加福音〉10：41-42)。

伺候的行動與在主腳前等候不一定是互相排斥的，但願行動不會侵蝕我們的等候。

親愛的主內肢體，無論覺得自己的行動如何偉大（起碼並非渺小），切莫讓行動搶奪了我們在主前等候、與主同行的心志。

重建內在生命力：在裏面的才真正重要

我分別從兩位主內長者的演講及著作中再次肯定生命得力的要訣。

其中一位是潘光炯博士。他有次向「突破」同工分享，強調一個領導者最重要的質素是謙卑。在另一場合，他透露養生之道的四字真言：humility（謙卑），dignity（自尊），nobility（高貴），divinity（神聖）。一般人認為領導者最重要是管理知識及能力，養生之道在乎什麼飲食秘方及運動妙訣。誰料潘博士強調的卻是培育內在的生命（inner life）。

另一位長者是美國的麥歌登（Gordon MacDonald）。在他兩本著作《心意更新：如何調整內心生活》（*Ordering Your Private World*），和 *Restoring Your Spiritual Passion* 中，多次談及教牧同工及機構同工失去屬靈動力的危機。他沒有提出什麼應付的捷徑，卻不斷強調生命力在乎整理內心世界（private world），並且發出多次忠告：「在裏面的才是真正重要的」（It's what's inside that counts）！

重整屬靈操練：個人與羣體操練並重

十多年前，蘇恩佩姊妹尚未安息主懷時，她向同工們推薦了傅士德（Richard Foster）著的：*Celebration of Discipline*，後來促成了中文譯本《屬靈操練禮讚》的誕生。這本書提醒我對個人與羣體屬靈操練的再思並更新。

三一真神在人類歷史中一直採取主動，要與失落的人重建關係：罪人靠着基督的寶血得贖是百分之百恩典。然而，在成聖的路上繼續與神同行，常活在天父的愛中，被聖靈的能力澆灌，並長成基督的身量，卻需要騰出時間、付出心力、明辨慎思、攻克己心、勝過引誘、建立羣體——這是個人與屬靈操練的過程中我們要承擔的代價。

學習拒絕而不內疚

我是個不容易向人說「不」的人，一方面不願意開罪他人，另一方面也是自己興趣太多，事奉的領域也廣，再加上「突破」是個接觸面十分寬闊的機構，每天要應接的各種邀請、各類訪客，及各類型需要輔導的人，可說是難以勝數。而且每個人或每件事的背後都有一定的意義和迫切性，往往使我難以推辭，結果是疲於奔命，對己對人都沒有好處。

隨着年齡漸長，似乎說「不」的勇氣增加了，而且拒絕他人之後也消除了一些不必要的內疚感，以下是一些有幫助的指標：

- 這世界有意義的事反正永遠做不完。
- 所謂緊急的事並不一定是真正重要。
- 相信神會安排其他適合的人分擔責任。
- 承認並接納自己心中確有「馬大」的個性，卻不容許她變得煩亂，甚至扼殺「馬利亞」的寧靜。
- 最重要的是培養辨別的能力，不斷說「不」，才能騰出空間 —— 向真正討神喜悅的事說「是」！

培養聆聽的藝術

一個忙而不亂的人一定是個懂得聆聽的人。

首先是聆聽自己身體發出的聲音。我慢慢掌握到自己身體的節奏，需要睡眠多少、能夠承擔的工作量多少，什麼時候最適合做些費心思的工作、哪些時候適宜做些較為勞動而較少費神的工作，身體過勞時會有些什麼信號。每個人的身體節奏及魄力都不同，要善待自己的身體，因身體是聖靈居住的殿。

自己的心靈也會發出呼聲：自己最擅長哪類的事奉、輔導時對什麼人最有幫助；面對某些人自己可能愈幫愈忙、對有些事工自己不能發揮得那麼暢快。我相信聖靈是引導我們按祂所賜的恩賜事奉，而且有內心的平安及事奉的果子作為印證。

對他人的聲音也要敏感，不能忽視一些真正有迫切需要而無助的人，卻要避免一些有倚賴性而無心改變的人。人比事更重要，要捕捉到一些轉瞬即逝的時刻，安慰一些在苦難中的人。

最重要的是聆聽聖靈的微聲，只有祂才真正掌握事情的輕重，時機是否合宜，我仍然相信聖靈是引導我們最重要的一位。

建立休息的神學

我知道自己在忙亂中一定會讓不少噪音淹沒了聖靈的微聲。我愈來愈明白為什麼主耶穌說：「……但是不可少的只有一件；馬利亞已經選擇那上好的福分，是不能奪去的」(〈路加福音〉10：42)。

不少教會着重教導工作的神學：為主勞苦、盡忠事奉、為主燒盡等，因此總是以活動及工作為中心，衡量一個人的靈性也是以他參與事奉的程度而定。

我慢慢發現休息的神學：神經過六天創造後便休息，設立安息日；祂應許帶領以色列人進入安息，又為他們設立安息年、禧年，及諸般的節日。今天，不少信徒最大的危機是不曉得在休息中與神親近。

我知道自己每天不能缺少一段真正休息的時間，每週也不能不騰出一段較長的安靜時刻，每年更須要定期放下一切事務，退到「山上」或「曠野」，在安靜中聆聽內裏及上頭的聲音。

近年來，除了從一些靈修書籍上重新學習休息之外，更得到一些屬靈導師的親自指引。對於生活節奏急促的人來說，安靜與休息是要從頭學習的功課。

讓愛而不縱的人環繞自己

我發覺自己不單有軟弱，也有不少盲點，有時不自覺地便會有所偏差，因此我十分珍惜肢體的生活。

太太是自己最忠實的看守人，提醒我什麼時候走得太急，什麼時候忽略了自己及家人的需要，以致不會為人而忘己，為照顧教會而忽略家庭。

我更不能缺少看守自己的弟兄。太太會與自己有共同的盲點，以致失去警覺性。所以我祈求神賜給我一些敢言的同工，他們在我的事奉、教會生活、人際關係、家庭生活各方面都直接進入我的世界，以致他們有機會作第一手的觀察與回應。

年紀漸長時，發現一般人有時敬而不敢直言，我祈求父神讓一些愛而不縱的人環繞自己，以致自己學習向神開放，也向人開放，向神交賬，也向人交賬。

當我發現自己忙中而忽略與肢體相交時，也是自己孤立自己的時候，最容易在忙中失去方寸，自陷困境。

主耶穌，我感謝祢，因祢道成肉身之時，也有忙而廢食的時候，但是祢總不忘記退到山上與父神相交，在客西馬尼面對十字架之際，也要求門徒與祢一同儆醒。我不敢在工作上懈怠，也不敢在工作中忘記休息，更不敢孤立自己，在忙中失去我的家庭、我的弟兄！

為人而活

這是個自我膨脹的年代，每個人都不自覺地將自己放在第一位，一切都是為了尋求自我的滿足。連一些追求屬靈操練的人，背後動機也是為了尋求一些不尋常的屬靈經歷，滿足自己內心的渴求。

心理學的興起對這股自我狂熱潮有推波助瀾的作用：從佛洛依德（Sigmund Freud）的滿足自我（self-gratification），到馬斯洛（Abraham Maslow）的實踐自我（self-actualization），都不知不覺中製造了一種以自我為中心的文化。有心理學家稱之為「自我主義」（selfism），及「崇拜自我」的宗教（Paul Vitz,（1977）*Psychology as Religion: the Cult of Self-worship*）。

這個趨勢與主耶穌提出的人生兩大路向背道而馳：「盡心、盡性、盡意、盡力愛主你的神」──為神而活；「愛人如己」──為人而活。中世紀的修士也走了兩條迥然不同的路線：一是歸隱山中，獨善其身的隱者（hermit）；一是在人羣中、服事窮人的教士（missionary）。前者最終銷聲匿跡，不再存留；後者遍佈天下，不斷更新。

為自己而活的人定必走進窮巷，變成自我沉溺（self-indulgence）；為自己而存在的小組最終也失去動力，成為一潭死水；純粹內向的教會亦失去意義，成為「福音的牢籠」。要達成個人成長、人際成長，及教會增長，一定要明白並實踐為神而活、為人而活的真理。

環顧我四周叫我心服口服的朋友，都是一些將自己生命為他人燃燒的人。杏林子本身患嚴重的關節炎，卻不斷服侍其他殘障人士；蘇恩佩與癌症作戰廿載，卻是畢生為年輕人燃點生命；吳明欽議員英年早逝，卻為香港人燃點此生；艾德理牧師（Rev. David Adeney）已屆八十高齡，年輕時獻身中國，栽培青年學子，到今天仍然不忘服侍華人學生，到處奔跑勞碌。

當我開始大學生活時，也只知為自己的前途用功讀書，後來才明白為神而活、為人而活的道理。起初我的回應十分簡單：基督既為我死，我亦願為祂而活；神既愛世人，我也樂於服侍祂所愛的人。廿多年來，我親身體驗了一些似乎是互相矛盾的道理：

- 常有人問我為何為神放棄了醫生的高薪職業，轉做服侍青少年的社會工作；二十年來我卻經歷了神的眷愛、個人的成長、真正的友誼，並且見證了無數青少年生命的轉變。

- 當我願意與苦難中人同行時，自己的問題顯得渺小，並且不斷與苦難者一同接受從神而來的醫治。

- 當我願意採取主動、開放自己，成為他人的朋友時，發現自己享受數不盡真摯、捨己的友情。誰說這是個冷漠的世界？

- 不斷燃點自己的生命，確有經歷疲乏力竭的時候，卻又不斷嘗到歸回重新得力的滋味。

- 冒險開放自己當中，也會遭遇一些意想不到的傷害，從中卻體驗到基督會受的苦楚，並因祂的鞭傷得醫治。

- 學習為人而活，往往要放下自己的權益，不為自己去爭取，卻又體驗到神用祂的途徑來建立我的生命，認識自己、認識基督更多。

勝過自己是打不完的仗，自我中心是屬靈操練中最大的障礙。我衷心感謝神，因為神讓我有機會在年輕的日子便學習為神而活、為人而活的功課。我到今天仍然有掙扎，不讓自我重登寶座；當我讓基督成為生命的主宰時，我也不再為自己而活，因為基督的一生是順服天父，為人捨己，祂是真正為人而活的人（a man for others）。

三、青年人

青年人在，你在嗎？

我的恩師蘇恩佩不只是個文字人，她做青年工作，親自走入現場，參加營會，到校與學生對話，上電台主持節目，甚至到九龍寨城與吸毒者接觸。還有我的同工謝文策，他帶我走進天水圍的社區，親身體會、訪問該區年輕人和他們的家庭。在輔導現場，我早年的同學及多年的戰友李兆康，他不只在輔導室工作，也走入受輔者的生活，探訪他們的家庭，進到他們的處境中做輔導。他們這種身體力行的教導，真的讓人畢生難忘。

由此我體會工作者牧養青年人時，必須進入現場，密切貼近同行，否則不能緊貼服侍他們，隔一段時間才接觸是不可行的。我是一羣青年醫生的生命導師（mentor），在他們唸醫學院時，我就認識他們。他們有心成為服侍神的醫生，我便帶他們查經，由他們未婚到已婚，至今成為父母。我仍與他們定期查經，他們也殷勤出席，雖然只有十二人，但我們已一直多年同行。

耶穌與門徒也密切同行三年之久，所以服侍青年人沒有捷徑，必須擺上時間、長遠栽培和同行。唯有貼近青年人，才能回應他們的需要。不少青年人成長過程很受朋輩影響，我會主動關心他們的朋友，也希望與他們的朋友同行。這種密切同行，讓他們啟發我們，開拓我們的眼光，由他們指導我們如何做青年工作。

不斷更新的青年工作

因為要回應不斷變化的世局、社會和青年人的需要。有些青年事工可能未能回應，甚至停滯不前。要是這些事工跟不上，就要放棄，重新檢視、反省、改變策略。要回應青年人的處境，工作者唯有不斷學習更新，才能回應他們的需要。這是青年工作的有趣之處，具挑戰性之處。

我們有一段日子曾進入學校，協助青年人面對精神健康問題、家庭問題，從這些青年人身上，我們了解到他們的精神健康受疫情、經濟狀況和政治環境影響。當工作者要服侍青年人，必須了解圍繞青年人的社會、經濟、政治處境，這些根本是影響青年人的成長和生命。我們不能躲在牆內，不理會外在環境的轉變。

文化影響的是價值觀，有時文化有其吸引的一面，也有其墮落的一面，講求權力、講自我，所以青年工作也有其文化層面，但不能順應文化，反而需要更新文化。我們是靠着基督的信仰更新文化。

青年人面對周遭急劇變化的處境，重要是提升個人抗逆力，我仍然信夢可以改變世界，個人生命力得到提升，才能燃點心底的夢，獻出個人力量，匯聚更多人的力量——青少年可以成為改變世界的動力！

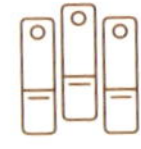

著作選輯

《改變，由我開始》：本書出版於 2009 年，蔡醫自述面對逆境的故事，為的是分享、交流。「不單是理論探討，更不單是學術研究。我寫這本書，帶着微小的冀望——請讀者將自己抗逆的心路歷程記載下來，再透過不同的方式——或文字，或網絡——給我一點迴響，給我一點激勵。」

沒人自己想變壞

我從事青少年工作多年，接觸過一些青少年，成長路彎彎曲曲的，經歷重重波折，在家中作出破壞行為，在社會上製造紛擾，他們通常被標籤為「暴風少年」。

他們一般與父母相處困難，兩代之間存在很多矛盾；在學校與同學老師有磨擦，無心向學，成績強差人意；加上外界充滿誘惑，一旦結交了損友，誤入歧途，還未長大，已嘗盡人生的苦果。

我有一段時間在福音戒毒機構當義工，很多少年戒毒者令我十分心痛，小小年紀已身陷毒海。問他們為什麼吸毒，大部分都是因為學業成績差，有挫敗感，朋友告訴他，吸毒可讓他忘記一切煩惱，不妨一試；怎料一試，要回頭，已是百般艱難。

我深信他們的一生不是就此完結的。我肯定告訴自己：「不」。只要他們願意脫離現在的環境，到一個新地方生活，結交一些好朋友，重新給他們肯定和信任，他們是可以重新振作的。事實亦證明，經過一輪培訓以後，有不少青少年真的可以擺脫毒癮，重新做人。類似的成功個案很多，有些戒毒後到「突破」當短期工，更有做長期工的。他們邊做邊學，終有一門傍身技能，後來重投社會，過正常的生活，有些更到其他志願機構服務，用自己的經驗幫助其他有需要的青年。

更讓我高興的是，經歷波折的年輕人，與家人和解，重修補決裂了的關係，本來破碎了的家，再展開心笑臉，團圓共聚。其實逆境並不能將一個人完全擊敗，只要抓緊一些生命的元素，定能迎戰苦難，重見光明。

這是我的信念，我信仰的價值。若不是我心中有不動搖的意志，這數十年的服侍必然感到乏力，必然會氣餒。

暴風少年不常給我驚喜，反而來自小康之家，甚或是家境富裕的青少年，倒讓我感到訝異。他們的父母盡自己能力培育子女，滿足他們的需要，換回來的卻是難堪和無盡的失望。我身為人父，這一代教導子女，真的不容易，也很費勁。父母對子女傳遞的關懷和愛心，少年子女在求自立中會表現出反叛、對抗，讓自己、讓家人陷入人生困境。

大約十五年前，香港突然出現一股自殺熱潮，震撼整個社會。少年人紛紛跳樓輕生，報章以大篇幅報道，引來社會各界關注。政府隨後成立了一個委員會，研究青少年問題和自殺潮的成因，我也有份參與。開會時，我們閱讀很多報告、資料，發現青少年問題十分嚴重——吸毒、失學、離家出走、性偏差（性沉溺？）、從事色情行業、童黨、情緒偏差……從檔案、資料中，大量揭示香港青少年的陰暗面，讓委員們既難過又震驚。

我在其中陷入苦思，他們為什麼走上荊途，我又可以怎樣幫助他們？就在這時，我認識了兩位加拿大人，他們分別在緬省和溫省從事與青少年政策相關的工作，與我多年的好友何瑩博士和 Dr. David Oborne，一起參與加拿大政府青年政策釐定的工作。他們正進行一個高難度的研究——追蹤一些曾加入黑社會的少數族裔青年。這些青年令加拿大政府大傷腦筋，研究的目標就是要追蹤他們的活動，了解他們誤入歧途的原因。

我在溫省時，有機會和一些少數族裔青年面談，他們已接受了一年培育，給我的感覺既可親又態度積極。何瑩博士告訴我，他們對這些年輕人都抱有相同的信念：他們內裏都有良好潛質，願意向上。何瑩博士説的一句話，讓我終生難忘。她説：「我不相信有任何一個少年人自己想變壞。」

何瑩博士是一個很出色的臨牀心理學家，把全部精神和時間都放在青年人身上。很明顯，她像父母一樣愛他們。她不是溺愛縱容，而是要求他們過有紀律的生活，要勤於學習，又按着他們各自的專長予以訓練。他們要學習英文和謀生技能。經過兩年之後，這些為社會唾棄、眾叛親離的青年人，終於走出逆境的陰霾，各自上路。其中一個上了大學，大部分都找到工作，各展所長。這些個案非常成功，引來加拿大報章廣泛的報道。

他們的研究及成功個案，對我領會什麼是抗逆力，並且日後在香港以及國內推廣相關的研究及服務，有很大的啟發作用，讓我將這些研究發展的過程簡略地陳述。

何瑩博士和 Dr. David Oborne 做的研究發現，青少年在成長期間有機會出現「危機因素」(risk factors)，為他們帶來打擊和困擾。

其中一些危機因素，顯然易見，例如學業上的挫敗；但另外一些是我想也不曾想過的，包括：父或母長期患病，父或母亡故，父或母患有精神病或抑鬱病。單親、不整全的家庭，原來會構成青少年極大的危害。父母二人不同的教育方式也每每為他們帶來打擊；居住環境擠逼也是危機因素的成因。而最令我驚奇的是，原來早產也是危機因素之一，早產嬰將來面對困境的機會率比正常出生的嬰兒高。

與此同時，又有所謂的「抗逆因素」，或稱「保護因素」(protective factors)，若有這些因素，青少年的成長顯然會更暢順。包括：健康的性格、正面的氣質、高智商、社交能力、充裕的家庭、正常的家庭狀況、良好親子關係、社會和朋友的認同，凡此種種，都是青年成長的正面因素。

我們利用「危機因素」和「保護因素」，再加上抗逆力幾個重要元素，設計課程、問卷，幫助追蹤青少年在成長中影響他們的因素，從而匡扶他們。

尋找生命的「亮點」

不少朋友覺得奇怪，我從事青年工作多年，至今還是走到最前線，而不是全心搞行政，或者做學術上的研究。說到底，我還是喜歡和年輕人相處，聆聽他們的聲音。亦有朋友問，輔導是不是一件很沉悶的工作。不是的，每個人都有自己的故事，每個人都不一樣，都是獨特的。我從未試過一個年輕人走來向我剖白自己時覺得沉悶的，他們有各自的掙扎，有自己的強項，有所謂的「亮點」，真會讓人眼前一亮，有意想不到的發現。當然，每個人同時有他的幽暗面，這個時候，便要極大的忍耐，聆聽他們，與他們同行。

有一段時間，我還開放我的家，讓一些需要幫助的青少年，來我家和我暫住一段時間。我跟他們說，我只會做一件事，就是發掘你內裏的能量，幫助你認識自己的夢想。有次，其中一個寄住我家的少年聽到我這麼說便立刻回應：「我一無是處，一定會讓你失望。」果然，他向我展示成績單，沒有一科可以讓人稱是。

一天，我的電腦「當機」，我這個電腦白癡展開電腦拯救行動，弄了一整個上午，頭昏腦脹還是毫無辦法。這個年輕人站在我的門外觀看了很久，忍不住說，不如這樣那樣。經他指點一招半式，電腦復工了，我也白費了瞎忙的時間。以後凡是電腦上的問題，我都找他解決，他亦很樂意幫忙。他不用靠電腦手冊，只要有興趣，接觸多了自能通曉。

一次跟他一塊兒看電影。有一幕講到宮廷叛亂，皇帝兩父子首先吵架繼而動武，太子被父王擊倒在地，立刻向父求饒。我心想，「這下可好了，兒子懂得認錯，一場干戈也就快要平息下來。」誰知當作為父親的皇帝慢慢走去扶起兒子時，我家這位少年情不自禁的説：「小心！」果然，原來太子毫無悔意，趁父親走近竟施行偷襲。

後來我問他怎知道。他得意道：「看電影要用腦。」此後，我留意他，發覺他有十分強的觀人能力。於是我邀請他以後多跟我一塊兒看電影，幫我分析裏面主角的人性。他欣然答允。起初他完全否定自己，卻不知道自己其實蘊藏一些未被察覺的能力。此外，他的思考能力和分析能力都有獨到的地方。

其實，我們若肯耐心聆聽一個人，必定能發現他的長處和強項。只可惜我們連靜下來聆聽自己的時間也不多，也缺乏聆聽別人這方面的操練。更可惜的是，能與我們信任的人一起安靜，讓他聆聽自己的時間更是少之又少。

獨生孩

日本有一齣著名的電視劇集，後來給拍成電影，名叫《電車男》。「電車男」在網上得到很多網友的支持，但最終也要花上很大的力氣，才能跟他在電車廂中偶遇的一個女孩慢慢建立關係。他遭遇很多的挫折，但網上的朋友給他很大的鼓勵和支持，儼然是一個真實的羣體。不過，虛擬的世界始終不能取代現實世界，他仍得跟那個女孩建立真誠、互動、深入的關係，彼此信任、欣賞、相愛。因此，資訊科技的連繫跟心靈的真實世界的結連，不是互相排斥的，而是彼此互動的。

香港人口的出生率大幅下降，由從前每年八萬個嬰兒出生跌至三萬，現時已回升至五萬，但接近一半都是從內地來香港產子的；香港本地的出生率依然持續下降，在最低點時，每個家庭的出生率不足 0.7 個孩子，即一個家庭單位不足一個孩子。現時出生率已回升至每個家庭 0.9 個孩子，可謂獨生孩子的世界。上一代的獨生子女已為人父母、老師，正養育和教導下一代的獨生孩子。

獨生孩子的心智發展很好，思想靈活，學習能力強，對科技掌握得非常出色，能在網上結交很多朋友。最近有本書講到這個「網世代」(net generation)，作者 Don Tapscott 形容這一代是 grown-up digital。[1] 他們都很樂意與人合作、交往，透過網上認識很多的朋友，這是他們可取的地方；但他們在真實世界中跟人的交往，和在網上有所很大分別。在真實世界，他們跟人交往有很大有困難。多元智能中提及的智能，當中有內省和人際的智能（intrapersonal, interpersonal intelligence）。在這方面的智能，新一代真需要加倍努力，雖然他們掌握很多資訊，但缺乏空間去自省，內省的智能發展不大理想。他們在家中經常獨處，跟平輩的關係疏離。另外，基於學習的壓力，父母和子女的關係也變得功能化。父母要監督孩子做功課，安排孩子學習多種活動，令孩子飽受壓力。我們看見這一代學習很多東西——學鋼琴、跳舞、球類活動等等，時間表排得密密麻麻。孩子根本沒有時間做其他對生命成長更重要的事情，沒有時間與自己聯繫，沒有時間與家人聯繫，更沒有時間與朋友聯繫，漸漸變成一個頭腦發達，心靈卻與外在世界失連的獨立個體。

我數年前在上海着手青少年培訓工作，到過好些學校跟當地年輕人交流，其中一幕令我留下深刻的印象。在一班高中二年級的英文課裏，老師以一口流利英語授課，我們則在旁邊觀察。那一課的題目是 “Man's Best Friend”，當時老師播出一段錄影帶，片段中有個家庭跟狗成了很好的朋友，在美國的家庭，狗是人最好的朋友；然後，同學們在網上蒐集資料，輪流講述人和狗的關係。原來狗是人很好的朋友，有些成為導盲犬導引盲人上街，有些成為人在危險中的保護。課堂上講的都是人和狗的感人故事，講述他們如何成為好朋友。當學生匯報完畢，便進行分組討論。老師告訴學生，今天有一些朋友從香港來，可以在分組中參與交流。我在其中的一組，學生以一口流利的英語討論，我留意到其中一個男學生，強烈表達自己很喜歡狗。於是我問他家中有否養狗，他回答家中不允許。我續問為什麼，他說父母恐防養狗會分散他讀書的專注力，因此不允許。我又問他為何如此喜歡狗，他這才講出因為他沒有朋友，整天都是自己一人呆在家中讀書，沒有朋友陪他玩。我問：「你的同學呢？」他用英語答道：「他們不是我的朋友，他們是我的競爭對手！」（They are not my friends. They are my competitors）。

原來他們凡事爭取第一，同學變成競爭對手。他說時一直十分激動，我跟他慢慢詳談，表示我關心他，明白他的感受。討論完結後，這個同學主動走過來跟我說：「我可否要你的電郵地址？」我看着他的眼睛，就知道他很渴望結交朋友，即使我跟他屬於不同年代，身處不同地域，他亦很想與我結連，成為朋友。

我有很大的觸動，原來人真的很需要朋友，心內有很強烈的歸屬渴求。

1 Don Tapscott.（2008）. *Grown Up Digital: How the Net Generation is Changing Your World*. N.Y.: Mc Graw Hill.

寄住我家的電腦奇才

我從事青年工作多年，不得不承認，最初也受一些既定的框框所影響，對青年人有不全面，甚至不公允的判斷。有一段時間，一個少年在我家中暫住。他的成績一塌糊塗，連續兩年每一科都不及格，他是中二生，成績單上唯一及格的是體育科。我幾經辛苦幫他找到一所願意給他插班的學校，條件是我答應校長幫他找補習老師，而我當我也會親自教導他。跟他多一點接觸，發覺他真的在很多科目的學習上都強差人意，他的中文比較好，理解中文和表達能力都很強，其他學科都不如理想。我對他不太了解，只見他一天到晚捧着日本漫畫追看，房間的牆壁上貼滿了漫畫海報、日本歌星的寫真，對日本文化十分嚮往。我也曾就此事對他有微言，吩咐他好好念書，不要過分沉迷聽日本歌和看日本漫畫。

後來他自學畫漫畫，而且畫得相當漂亮，音樂感也不賴，其實是一個很有創意的年輕人，不過他英文不好，以致我們忽略了；他的中文和歷史都有很好的根基，對歷史故事更耳熟能詳。我終於醒悟過來，決定改變策略，不再攻擊他的弱項，轉而鼓勵他多從事強項，並且從旁協助他向這些方面發展。與此同時，我協助他增強自制能力，學習時間管理。很奇怪，當他獲得肯定以後，各方面的表現都跟着提升。到了大考，我剛巧不在香港，留在國外期間心裏仍記掛他，不知道在沒有人督導之下，他可否獨力應付考試。我回到香港，大考已經完結，他也不再寄住我家。後來收到他寄給我的信，告訴我他順利升班，而且成績突飛猛進。除了數學科不及格以外，大部分科目都及格，連英文也過關了，不單如此，他的中文、歷史、體育、音樂、美術等科目表現更是令人刮目相看。他在信中寫道：「我升班了。」簡單的一句話，表達了他無比的雀躍，而我也為此高興不已。

後來他舉家移民，我們斷斷續續都有書信來往，知道他在當地就讀社區大學，繼續日文學習，也開始修讀電腦程式設計。事隔幾年，他忽然在香港出現，走來跟我說，「我要往日本工作了。」原來日本一間軟件公司看見他用日文寫的網站，裏面有他分享對電腦設計的想法、他的設計和創意等，引起這家公司的注意，邀請他往日本面試。他們一拍即合，他決定加盟這家做資訊科技、網上設計，也兼做網上推銷的公司。自此他在日本闖天下，後來娶了一位日本小姐，生了兩個可愛的小孩，現在還開設了自己的網絡公司，建立了自己的事業。

他的個案對我有很大激勵。神賦予人不同的個性和能力，各自有不同的智能、不同的喜好，這些能力正等待有心人加以培育；若這些能力在教育的過程中沒有被發掘，在家庭中又被予以否定的話，無可避免地，這個人一定會對自我產生懷疑。我盼望每一位對自我產生懷疑的年輕朋友，都重拾信心：相信自己裏面有一定潛能；並且鼓起勇氣，尋找一個信任你能力的人，你總會遇上一位願意伴你同行的生命導師。

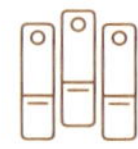

著作選輯

《一個都不能少 —— 再思青少年的成長與牧養》：本書出版於 2005 年，蔡醫形容是他「個人成長的自白」、「對青少年真情的自白」和「青少年工作的自白」。寫作這本書是要整理青年工作的點滴反思和理念架構。

啟發你的人在哪裏？

投身青少年工作之後，我曾接受一些專業的訓練：心理學、社會學、輔導技巧、傳媒教育、神學等。我常覺得自己是半途出家——大學初期主修動物學，後期接受醫學訓練——並不足以支援我成為一個全職的青少年工作者。從事青少年工作三十一年後，我才察覺最重要的老師是青少年。每天與他們相對，甚至同一屋簷下，他們的成長故事給我很大的啟發。我又從我的同工、青少年的父母和老師建立夥伴關係的過程中，吸收了不少寶貴知識和體驗。

《聖經》是我服侍青少年過程中，最重要的靈感源頭：我發現耶穌也是一個青少年工作者，對兒童流露了真摯的關懷。《聖經》蘊藏了不少為人處事的智慧，更記載了很多青少年成長的感人故事，並且細緻地描繪他們內心的掙扎、個人的奮鬥歷程，以及如何從人、從神得到實際的幫助。

今天的青少年在哪裏？

耶穌就用比喻說：「你們中間誰有一百隻羊失去一隻，不把這九十九隻撇在曠野、去找那失去的羊，直到找着呢？找着了，就歡歡喜喜地扛在肩上，回到家裏，就請朋友鄰舍來，對他們說：『我失去的羊已經找着了，你們和我一同歡喜吧！』我告訴你們，一個罪人悔改，在天上也要這樣為他歡喜，較比為九十九個不用悔改的義人歡喜更大。」

（〈路加福音〉15：3-7）

我是個在城市長大的孩子，對牧羊一竅不通。我曾經到紐西蘭一個牧場裏小住，嘗試了解一下牧羊是什麼的一回事。原來羊是很有人性的動物，牠們見到我這個陌生的中國人，都遠遠避開。

牧場的每隻羊都有名字，不過我呼喚牠們，牠們都沒有反應，而牧場的少主出現時，牠們即跑往他那裏，與他十分親密。原來牧羊的人與屬於他的羊有一種雙向的關係——他們是互相認識，彼此相愛；這份互動的關係是需要時間去培養的。

羊是羣居的，離開羊棚到山上吃草時，總有牧羊人在前領路，又有牧羊犬從旁把那些離羣的羊趕回正路。後來我發現，羊羣中有些較年長的羊，也有帶路的本領，又有幾隻較壯健的在後面壓陣，好像在保護那些較幼小的羊，原來牠們也曉得彼此牧養。可惜我沒有親眼看見牧羊人翻山越嶺去尋找迷路的羊，只能想像牧羊人焦急之情，以及呼喊迷羊的聲音；他一定在想：一隻都不能少！

耶穌講這故事暗喻祂就是牧羊人，到處出沒，甚至到一些被視為不雅的地方，正是為了尋找那些「迷路的羊」。青少年工作者也需要牧羊人那份情，願意四出尋找那些在成長路上需要保護、支援、同行的青少年。

與青少年交往、建立關係是一條雙程路，不能單坐在青年中心或教堂內等待他們尋找援助，而是要到他們生活及閒暇活動的地方，尋找他們。

那麼，今天的香港青少年在哪裏？

香港的居住空間較狹窄，青少年不願意常困在四壁之內，父母要珍惜子女在家中的時間，建立溝通的橋樑，穩固關係。

學校是上課的地方，老師和駐校社工當然有機會接觸學生，但課餘後可以留在校園的時間也不長。香港各區都有球場、泳池等康體設施，電影院、足球場亦曾是青少年結伴同往的活動場所，然而今天他們寧可花幾百元去聽一場流行曲演唱會，或到卡拉 OK 自娛一番。現代的龐大商場似乎對青少年更具吸引力，青少年的消費能力比想像中強。

每個青少年都可以在學校或家中往網上的虛擬空間瀏覽，互聯網成為凝聚青少年交流、娛樂、購物、尋找資訊的最重要平台：女的喜歡互動傾談，男的沉醉於網上遊戲，與全球對手一決高下。「網吧」提供了一個新的場所，讓青少年個別或連羣共闖這個既虛幻又真實的數碼世界。

香港早已出現一些「夜青」，每晚十一時過後才出動，到各區的「蒲點」尋找他們的朋友，一起 hip-hop、打 band、唱 K、玩滑板、跳舞、聊天、抽煙……也有些會「啪丸」(濫藥)。

我曾與一些青年工作者前往一個中型「狂野派對」，那兒由舊房子改裝為舞場，燈光暗淡、色彩迷幻的在閃動，唱片騎師站在大廳中央的一張桌子在「擦碟」，只聽到極低沉的聲浪很有節奏的、重複的衝擊我耳朵。場內有百多名青少年，其中一羣人緩緩站起來，走往那個站在中央的唱片騎師處，各自扭動身體，搖頭擺腦。他們好像完全不在乎身旁有什麼人，只管迷糊地進入自己的世界裏。那名唱片騎師又好像祭司，擦動的音浪牽引着每個站在「祭壇」前的少年人。他可能察覺那個晚上多了幾位不知來歷的中年人，但他看來並不在乎。

大型的「狂野派對」不再常見，小型的派對持續進行。

香港每區都有晚間才出動的外展社工，駕着他們的流動服務車，帶同音響及活動設備，四出與青少年接觸。一位神父與社工及義工，單在觀塘區已經凝聚了萬多名青少年，成為他們設立的「蒲吧」會員。「蒲吧」內開設的「蒲點」由青少年自己設計：有 band 房、有 hip-hop 場、籃球場、簡單的康樂設施；青少年自己在牆上寫了「無煙、無酒、無粗口」幾個大字。

他們在尋找什麼？

> 或是一個婦人有十塊錢，若失落一塊，豈不點上燈，打掃屋子，細細的找，直到找着嗎？找着了，就請朋友鄰舍來，對他們說：「我失落的那塊錢已經找着了，你們和我一同歡喜吧！」我告訴你們，一個罪人悔改，在神的使者面前也是這樣為他歡喜。
>
> （〈路加福音〉15：8-10）

三個故事中，這個最為沉悶、最少人知道。我在這簡單的故事看見一些象徵的意義：十塊錢代表了每個人內裏潛在的尊貴價值，失落一塊也會不安，總是想盡辦法去尋索。結果在自己的屋子裏（自己的生命深處）找到了，那一盞燈（人生路上需要指引）成為她的幫助。

這盞燈也象徵了神的靈，為人提供了尋找人生路向的光。

我在少年時期，從不覺得自己有什麼值得自豪的，也不覺得自己缺少了什麼。父母從沒有給我壓力，要求不高；我對自己也沒有苛求，讀書但求不過不失，並不用功，也不會跟別人比較。接近中學畢業，才開始問：我將來想唸大學嗎？我適合做哪一種職業？為什麼有些同學交女朋友，自己卻沒有？直至去了加拿大後，才曉得問些較高層次的問題：我是中國人嗎？我真的想唸醫科嗎？我真是讀書的材料嗎？讀書又為了什麼？我身邊的同學在尋找什麼？我尊敬的幾位教授似乎很有成就，他們活着的動力是什麼？

在我接觸的青少年中，他們不一定知道自己在尋找什麼——是男朋友、女朋友？是心中的快感、成功感？是一個夢想、一份理想職業？青少年很少會自覺地尋覓一些高層次的目標和意義，較多的只是在尋找最新款的球鞋、手機，反而是他們的父母更焦急地為子女在尋——名校、補習班、未來的出路……

香港的青少年在尋找什麼？我不敢回答，只是多項研究告訴我，他們與其他城市的青少年比較，好像自覺不太快樂，自我形象也並不高。雖然香港自稱為「動感之都」，到處都是購物與娛樂的場所，可是從研究資料顯示，成年人和老年人當中，不少人都有焦慮與抑鬱的徵兆，很多人都為明天擔憂。

《聖經》故事中，沒有交代那個婦人尋找「失落的錢」代表什麼，答案卻藏在第三個故事裏。

他們真正的需要是什麼？

> 耶穌又說：「一個人有兩個兒子。小兒子對父親說：『父親，請你把我應得的家業分給我。』他父親就把產業分給他們。過了不多幾日，小兒子就把他一切所有的都收拾起來，往遠方去了。在那裏任意放

蕩，浪費資財。既耗盡了一切所有的，又遇着那地方大遭饑荒，就窮苦起來。於是去投靠那地方的一個人；那人打發他到田裏去放豬。他恨不得拿豬所吃的豆莢充飢，也沒有人給他。他醒悟過來，就說：『我父親有多少的雇工，口糧有餘，我倒在這裏餓死嗎？我要起來，到我父親那裏去，向他說：父親！我得罪了天，又得罪了你；從今以後，我不配稱為你的兒子，把我當作一個雇工吧！』於是起來，往他父親那裏去。相離還遠，他父親看見，就動了慈心，跑去抱着他的頸項，連連與他親嘴。兒子說：『父親！我得罪了天，又得罪了你；從今以後，我不配稱為你的兒子。』父親卻吩咐僕人說：『把那上好的袍子快拿出來給他穿；把戒指戴在他指頭上；把鞋穿在他腳上；把那肥牛犢牽來宰了，我們可以吃喝快樂；因為我這個兒子是死而復活，失而又得的。』他們就快樂起來。那時，大兒子正在田裏。他回來，離家不遠，聽見作樂跳舞的聲音，便叫過一個僕人來，問是什麼事。僕人說：『你兄弟來了；你父親因為得他無災無病地回來，把肥牛犢宰了。』大兒子卻生氣，不肯進去；他父親就出來勸他。他對父親說：『我服侍你這多年，從來沒有違背過你的命，你並沒有給我一隻山羊羔，叫我和朋友一同快樂。但你這個兒子和娼妓吞盡了你的產業，他一來了，你倒為他宰了肥牛犢。』父親對他說：『兒啊！你常和我同在，我一切所有的都是你的；只是你這個兄弟是死而復活、失而又得的，所以我們理當歡喜快樂。』」

（〈路加福音〉15：11-32）

這個家傳戶曉的「浪子回頭」故事，讓我更深領會一個現象的背後因由：一個青少年認為自己想要得到的（wants），不一定是他內裏真正的需要（needs）。

故事中的小兒子，起初以為要的是父親的家產、離家的自由生活、任意放蕩的興奮、隨意揮霍的消遣……到他「醒悟過來」之後，也以為回家不過是為了找一份工作，解決三餐一宿。你可曾想過：這個浪子回家，他真正需要的是他父親！

我曾經寫過《從未遇上的父親》這本書，是一位心靈導師盧雲教授提醒我，這是個「沒有父親的一代」！

青年期的我曾經到處尋找師傅和導師，其中一位我尊敬的長者靜靜的告訴我太太：元雲似乎在尋找父親！（"Philemon seems to be looking for a father！"）當我父親強烈反對我棄醫從事青少年工作時，才猛然察覺自己何等介意他給我的認同和支持。即使我心中認定從事青少年工作，太太又支持我，同事亦鼓勵我，但我的眼淚告訴我：我需要父親的肯定。

接納他們的人在哪兒？

故事中，小兒子回家了，原來他父親早已在門口等待，是他父親跑前去迎接他，還與他這個散去父親家產、離家出走、從豬欄回來、全身襤褸、滿身臭味的忤逆子「連連親嘴」！

父親能夠給兒子什麼？就是：

- 「抱着頸項、連連親嘴」，代表無條件的愛！
- 「上好袍子」，顯明你仍是尊貴的！
- 「把戒指戴在他指頭上」，重申你是我的兒子！
- 「把鞋穿在他腳上」，表達你仍舊需要保護！
- 「把肥牛犢牽來宰了，我們可以吃喝快樂」，展示失而復得的生命是值得慶祝的！

我不會忘記，「突破」同工和我在一個懲教中心演出「浪子回頭」改編的話劇。那次是同工想在端午節向百多名被關在懲教所的少男表達關心。除了唱歌和派禮物外，同工編寫了一個現代版「浪子回頭」的話劇，我有幸被邀演出父親這角色。

真正的高潮出現於加插的一段真實故事，由我認識的一位青年朋友親身講述自己的故事。當劇中的浪子散盡金錢，走投無路，想自尋短見那刻，這位青年一拐一拐的移動義肢出場，阻攔劇中的浪子，並訴説自己的故事：「青年人，你不要做傻事。我當年也曾因失戀而抑鬱，又不肯服藥，有一次與父親大吵一頓後，憤怒與抑鬱交集下，跳車軌自殺……」

我怎能忘記多次走往醫院的深切治療病房探望他的情景：他企圖自殺獲救，頭骨破裂，陷入昏迷；右手折斷要接駁，左腳膝蓋以下要切除；醫生表示情況危殆，並不樂觀。他父親十分自責，全家極度哀傷，他連續幾天都毫無反應。有次在探望期間，我貼近他身邊為他禱告時，竟看見他緊閉的眼球在移動，他真的從死亡邊緣走回來。往後，他家人都全力支持他，父親日以繼夜陪伴左右；在崎嶇的康復路上，他決意再站起來：再學習寫字，學習用義肢走路，再尋找職業治療、精神復康，再重投社會自力更生。禱告加添了他心中的力量！

那天在懲教中心，是他第一次完整地、公開地親述自己的故事。他以堅定的聲調在勸導劇中的浪子。全場的青年人凝神靜聽，鴉雀無聲。我在旁邊望着聽着，心中震盪：一個人的尊貴不在乎是否四肢健全，不在乎收入多少、職位多高。那天，我明白什麼是生命的尊貴，什麼是生命影響生命！

劇中的浪子不自殺了，決定回家。我以浪子父親的身分出場，緊緊擁抱這名回家的兒子，真情由心中湧流。同事告訴我，在那一刻，台下有好幾個男孩子在哭！我想，可能他們當中，不少人從未被自己父親擁抱過！

不是嗎？我曾經不自覺地尋找父親！故事中的父親，亦比喻天上的父親；我在成長的歷程中發現，地上的父親給我的肯定十分珍貴；我還認識了天上的父親，感到慶幸！

這一代的青少年，他們在尋找什麼？他們真正的需要是什麼？

點滴反思

我曾以專業輔導員的身分，在佈置優雅的輔導中心守候，等待青少年上門求助。不少青少年確實有這種自覺性、主動性，願意尋求專業輔導。

但是，我察覺更多真正有深層需要的，或是不自覺要扶持的，在外面遊蕩、徘徊、尋找。我真的有牧羊人心腸嗎？我真的相信：一個都不能少嗎？

從事青少年工作日子長了，氣力衰退了，不再在球場與青少年追逐；然而我發現，他們並非缺少球場的對手，而是需要一個「父親」── 願意聆聽、接納、肯定他們的人：亦父、亦師、亦友。「浪子回頭」的故事讓我進一步領悟如何為父：

需要一顆忍耐、等候的心！

我從另一個角度明白我所信的三位一體真神：聖子耶穌就像那個尋找迷羊的牧羊人，祂降世為人，親身與人建立接觸點；聖靈就像那盞明燈，為尋找生命的人提供指引；聖父就像那位慈愛的父親，耐心地等待祂的兒子回家。在我的成長路上，我親身經歷三一神如何建立我的生命。

身為青少年工作者，我仍是覺得那位主動向我求助的青少年給我較大安全感。對於半夜才到球場遊蕩、到「網吧」或卡啦 OK 流連的，還有那些離家出走、寧可濫藥，也不願上學或上班的青少年，我總覺得自己回應失措。我十分尊敬那些為了尋找他們而半夜出動的外展社工，深知自己要學習的，仍然很多！

最基本及最深層的渴求

愛的溝通不是局限於親暱的肉體接觸。愛是一種深層的心靈交流，是超越言語的，是既平靜又叫人內心震盪的。故事中，該位撒瑪利亞婦人真正經歷了什麼是被尊重、被愛。她興奮忘形的跑回城中，向那些她一直畏懼與迴避的人分享她的經歷——我找到了，是一種被了解、被接納、被愛的經歷；她從被排斥以至關閉的牢籠中，釋放出來！

我確信每個青少年都渴求愛與被愛，從他們愛聽的流行曲、愛看的電影；從他們愈來愈早談戀愛；從他們在社交媒體內容、網上約會行為；公共場所、地鐵車廂內的親暱舉動中，可以察覺得到。

我同時發現青少年對親密關係的畏懼與逃避：他們不敢向父母訴說心底夢、不輕易向人傾訴內心的困擾、同學眾多但真正稱得上朋友的卻無幾，能揭露自己內心世界的知己更少，寧可在網上找些從未謀面的人 chit-chat……。

我不會忘記一個十七歲少女的故事（就稱她為小薇吧）。因為厭食症，小薇已不止一次進入醫院接受治療，出院後總是打回原形，體重下降到危險邊緣。她不單討厭進食，更拒絕與人接觸。父母弟妹完全不清楚她的想法和感受，老師只知她身體日益消瘦，只有輔導她的社工及精神科醫生知道她極度抑鬱，厭食及自我封閉是最嚴重的徵狀。

我與小薇接觸時，發現她十分聰穎，數學尤其出色；面貌娟好，只是從不願意與人交談，説話時聲線微弱，從不與人四目交投；天熱時也是穿上長袖外套，不願向人展示纖瘦的肢體。與她一起進膳時，我曾勸她多喝半杯牛奶，換來的是怒目與黑臉。她像一座冰山，叫人感覺寒冷、不敢接近。

她不愛食物，卻喜歡親自烹弄小食，成為可以一談的話題，總算是有一點溝通的渠道。原來她並非拙於言詞，只是心裏有一道看不見的圍牆。

我親眼目擊圍牆的崩塌，來得戲劇性。那次我與小薇一起，跟她父母面談，也記不起是什麼觸動她的情緒，是什麼激起她的勇氣——我從未聽過她以那樣響亮的聲音、直視她的父親，説：「你知道我一直對你十分憤怒嗎！」

出奇的是她父親沒有回擊，能相當自制、冷靜的回應：「是為了什麼？是從哪時候開始？」

小薇激動地哭訴自己在十一歲那年開始，已經覺得父母不再愛自己，全副精神都放在妹妹和剛出生的弟弟身上。

我正擔心小薇的父母能否夠忍受如此激昂的控訴，豈知父親臉上沒有半點惱怒的痕跡，反而誠懇地回應：「唉！你為什麼不早些告訴我們？原來這幾年來你一直以為我們不關心你！你知道嗎，那一年你弟弟剛出生不久，妹妹又染上重病，我們真的應付不了！想起來，我們真的很少時間照顧你。我們一直覺得你很聽話、很懂性，真對不起你了！」

意想不到，六年來愈趨牢固的牆一下子崩坍了。小薇滿臉淚痕背後，第一次露出了一絲笑容。往後，小薇好像一隻在鳥籠中釋放出來的小鳥：説話多了、吃得多了，功課也比以前好了。

冷漠背後的渴求

對一個成長中的孩子來説，有什麼比父母的愛更重要呢？然而，愛的接收又是如此的主觀。當一個少女自覺被父母忽略、拒絕，她還敢去愛嗎？對愛的渴求變成了對親密的畏懼，背後是害怕再被拒絕。

我重新評估每個少年人的「冷漠」、「高傲」、「畏懼」……這些可能是面具，遮掩了心底對愛的渴求。我又何嘗沒有畏懼？有誰喜歡被人拒絕？與其被拒絕，倒不如躲在自己築起的保護牆後。

愛，是每個人心底的渴求。經歷過被拒絕的傷害後，難免築起自衛的圍牆，以畏懼掩蓋了渴求。

不畏懼進入苦難現場

青少年工作者需要進入青少年生活的現場，要明白他們的家庭、學校、朋友；也要進入他們的文化現場，明白他們的信念、價值、意識形態。

初當青少年工作者時，我很怕接觸他們的創傷，不願進入他們的「苦難現場」，因為他們的創傷及苦難可能讓自己未痊癒的傷口再出血，逃避他們的苦痛也是保護自己的一種行徑。

我經歷過被醫治、被饒恕，便比較願意聆聽青少年分享他們的創傷經歷，不會太快下判斷、給答案、給解釋，速速安慰、急急教導；也更放膽進入他們的「苦難現場」，甚至面對曾經傷害他們的親人或朋友。

我記得一次被邀請進入監獄主講一個題目：「朋友」。我談到人間最大的愛是為朋友捨命，並以耶穌捨命的故事來闡明饒恕的愛。當時我還說我的兒子已經廿二歲，本來預算與我一同來這次的聚會，卻未能成行。

演講完畢，有一位囚友前來與我攀談，他劈頭第一句便問我：「你猜我幾多歲？」每個囚友都穿着同樣的衣服、剪同樣的陸軍裝髮型；我見他有些白髮，不敢亂猜。他說：「二十二歲。」

他顯然對我有些好感，可能想起他的父親。他低聲的繼續説：「昨天才有人問我什麼是愛，我找不到答案；今天你正好講這個主題，我想問你一些問題。」

我相信他有一個不尋常的故事。果然，他向我敞開，傾訴他的故事：父母在他童年時已離婚，他跟隨父親，二人相處還過得去。他的成績一直都不錯，直至在中學誤交損友，才學會吸煙，還結為「童黨」。交了女朋友後，他決定退出「童黨」，不再參與一些反社會行為。誰知接到一個電話，是他的「黨友」請他最後一次幫忙交涉，增強聲勢。為了「義氣」，他應允參與最後一次行動。

真的是最後一次，初則口角，繼而動武，混亂中有一人喪命。四人被起訴、兩人被判殺人罪成，終身監禁。

他垂着頭，緩緩的講述，最後才抬起頭來，望着我雙眼説：「我真的沒有殺人！」

他再述説他被審及上訴的過程，眼泛淚光説：「我父親第一次相信我，他花了很多錢為我請律師，上訴仍然失敗，死刑改為終身監禁。」

真的有愛嗎？真的有饒恕嗎？他心中仍有不甘，覺得自己仍有話要說。他曾經對母親埋怨，為何棄他而去？對父親也不滿，為何常不信任他？對自己更多責備，竟然如此收場！

當天他表示願意嘗試領受神的愛、神的饒恕，願意學習愛自己的父親、饒恕自己的母親。後來，我有機會見他的父親，與他的母親通電話，亦和他保持通信，再探望他幾次，其中一次更和我的兒子同行。

我知道他真的明白並實踐了「饒恕與忘記」，他和父母的關係進步了。他的女朋友沒有再等待他，已經結婚了，他仍然祝福她。他在獄中完成了一個會計的課程，再進修一項設計課程，還報讀了一項《聖經》研讀的遙距課程。他堅定的告訴我，有一天他會刑滿出獄，再學習回報他的父母、決心回報社會；他珍惜每個機會裝備自己。

我被他的改變深深感動，我期待着他出獄的日子。他一定會為很多成長中經歷創傷、挫折、沮喪、絕望的青少年朋友帶來盼望。

願意面對創傷，才會得到治療；而每個人都有召命，這個召命可能與創傷息息相關。

兩代學習彼此尊重和服侍

我有時會想：到底我傳講的內容會與青少年脱節嗎？他們會願意聽一個年紀大他們三十年的人講話嗎？我的灰白頭髮，他們看得慣嗎？

在一次青少年營會中，參與的青少年明顯比較「前衛」：頭髮金色、紫色的，耳朵穿耳環的，滿身驚人肌肉的，談話內容粗豪的……。第一天營會中，他們與我保持一定的距離，後來他們發現我在小組中全心聆聽、沒有訓話，面部表情好像鬆弛一些。

第二天中午，我和其中一組青年用膳，是營會中外貌最矚目的一羣。飯後其中一位對我説：「我給你看一些東西！」我問看什麼？他舉起右臂，稍為用力，手臂的「老鼠仔」立即彈起。我問可以摸一下嗎？他微笑點頭。肌肉如鐵一般堅硬。

我問：「你學功夫的嗎？」

他滿臉自豪的説：「跆拳道！」又反問我：「可以一起拍照嗎？」

「可以，請你的兄弟一起拍吧！」

他立即表現興奮：「我們共有五兄弟，一起來吧！」

他們的高大身材、滿身結實的肌肉叫我覺得自卑。我們拍下了一幅叫我難忘的照片。

當天下午有一項意想不到的活動：大會要求每個人的腳踩進一盆墨汁，再踏上一幅很大的白布地圖，邊行邊講述耶穌二千年前到過的幾個地方。然後指示我們模仿當年耶穌與門徒彼此洗腳的情境，學習彼此服侍。

我從未試過這樣的活動，立刻找身邊的一位少女，問她願意與我做這個活動的對手嗎？她搖頭後便走開。我的內心真不好受；有誰想被人拒絕？

最後，我看到其中一位肌肉發達，髮型像「菠蘿頭」的少男未有夥伴，便緩步上前向他招手，他點頭答應。

我請他坐下，將腳放進一盤清水中，再用手指（大會沒有預備洗腳的毛巾）給他擦去腳皮及腳指的墨汁。差不多要五分鐘，我半跪在地上；舉目望他，他十分專注，動也不動。

洗完後，我倆對調角色，這時才發覺為人洗腳不易，讓人為你洗腳更難。我不願他見到我其中一隻腳趾有「灰甲」，我不願顯露自己的「骯髒」！

他跪在地上，很細心、很溫柔地在洗我的腳，連腳甲裏藏着的墨汁也替我洗得乾乾淨淨。我的心被他觸動！

活動完後，他接受主持人訪問，用誠懇的聲音回答：「我從未試過有長輩如此服侍我！」稍停片刻，他再說：「原來耶穌不易做！」

我不會忘記他的眼神，我不會洗掉我心中溫暖的感覺。一個小小的服侍行動，竟然將兩顆心結連起來——那三十年的鴻溝不再！

我想，可能是我「高高在上」的身分將青少年拒諸千里之外。我要學習以行動服侍他們，我要克服自己內心的障礙，接受他們的服侍。

在香港，跨代結連的文化仍然有待建立。近幾年，「突破」的同工嘗試一個輔助青少年升學就業的計劃——「師徒創路學堂」，取得令人鼓舞的成效。

這個計劃的學員是中五離校的少年人，他們在一年內與三組不同的「師傅」交流：一羣中學老師教導他們語文及電腦等知識；一間公司的「師傅」成為學員在工作間的個人督導；「突破」的同工成為他們的「生命導師」，培育他們自處和與人相處的生命素質。學員間成為一個共同學習、彼此支援的羣體。我親自見證這羣少年人的改變：在學習態度、待人接物、工作承擔各方面都叫人刮目相看。更難得的是那些為人師的都覺得很有滿足感、成功感，並且自覺比以前更年輕了！

重建跨代結連的文化從家庭開始，學校是另一個重要的環境；然後，可以將這文化推廣到工作間，對上一代與新一代都是挑戰與祝福。有賴家長、老師、各行各業的「師傅」、青少年工作者、與青少年同心竭力！

四、羣體

別單打獨鬥

「神說：『我們要照着我們的形像，按着我們的樣式造人……』」(〈創世記〉1：26)「我們」表達了三一真神的羣體性；祂既是獨一的真神，同時聖父、聖子、聖靈有不容混淆的位格，並且彼此相交。人既然按着神的形象被造，亦有與生俱來的羣體性，可以說是為羣體而被造：一方面是一個獨特性情的個體，而非孤立的岩石、小島；另一方面，人的心底深處，蘊藏了對羣體的渴求。故此青年工作者要保持與神的關係，也必須要有羣體的同行。在羣體裏，我們可以彼此勉勵，互相支持。我在「突破」、在 YGN 內，也會有一些核心成員，能傾心吐意，暢所欲言，經常聯繫，彼此坦誠，誰軟弱有羣體內的人扶持。正如基督不是只呼召一個門徒，他呼召了十二個門徒，讓他們互相作肢體，互相支持。

一個好的羣體，應該容許成員持不同意見，和而不同，彼此包容。在羣體內，必須謙卑，儘管大家會有不同看法，容易有衝突，但也該學習謙讓，互相檢視自己和他人的一套，哪一套可行，不可能一言堂，不可能只一個人說了算。你也要聽一下別人的看法，正如別人也需要了解你的看法；一時試行你這一套，一時試行我那一套。即使我自己作為領袖，在「突破」我也不是一個人說了算，不是獨腳戲（one man show）、一人部隊，不少同工都比我能幹，所以我們是彼此互補，才能完成神的工作。

要成為羣體內的好成員，青年工作者必須劃出更多時間在神面前省察，察驗自己的不足、軟弱，一個親近神的人不能自誇、不會誇口，親近神蒙聖靈光照，才能看到自己的誇口和軟弱。否則無法看到自己的盲點，就容易墮落，一意孤行，沒法容納其他人表達看法和異議，結果導致羣體潰散，剩下來的人都不過唯命是從。

要避免自己變成自我中心或太主觀而出現盲點，一定需要尋找生命導師，我的恩師是恩佩，她知我的軟弱，她會包容。我希望每位工作者都能尋找自己的生命導師，每當自己有盲點，有看不通之處，生命導師可以提醒、可以指點，幫助我們看清自己的狀況。既然要以生命影響青年人生命，工作者的生命素質就是關鍵。我重視生命重整，從事青年工作數十年，我在這方面下了不少苦功，也為此拜師學藝。其實有不少牧者、關心青年工作的人，都願意成為生命導師，我鼓勵工作者必須要尋找良師。

建立羣體需要時間

上文提到我帶領的醫生查經小組，他們是互相支持的羣體，他們感到有人同行，看到大家都是屬於神的，即使我們不過是小羣，但因着同行彼此看見，我們可以一起成就神的託付；即或基督徒醫生只是小眾，但仍能藉同路人的支持一起在人羣中產生影響力。

羣體需要建立，人與人之間不會因相處一段短時間就能成為羣體，我用了七、八年時間才能建立這羣基督徒醫生。期間有人會因為忙碌，或無法認同而離開，但不要緊，能認同能同心的人慢慢能凝聚一起。一個以基督為首的羣體，可以做很多事情。有時羣體不用很多人，幾個人能交心、能同心就已能成為羣體。

面對文化更新的工作，我們當然無法單打獨鬥，無論如何都需要羣體，才不會感到孤單。每個羣體在成長的歷程中都必然出現一些考驗，甚至出現決裂的危機；然而難關過了，凝聚力增加，才能彼此合一。在機構的羣體內，雖然總會有人來來去去出出入入，也少不了會有人事變遷，有新的看法，但仍會有核心的成員，能彼此支援。雖然建立羣體是困難的，但值得做的事必然是有困難，看基督在地上的工作，怎會不困難？神呼召人去做的工作，不會沒有困難，不困難的工作也許未必值得做。

著作選輯

《羣體中見祂面》：本書出版於 1993 年，全書分上下兩冊，是「一載同行」靈修系列的第十一、十二本。以羣體的建立為主題，透過查考《聖經》領悟在羣體中看到神。

實踐異象的羣體

「沒有異象，民就放肆」(〈箴言〉29：18)。異象是從神所領受的默示，讓個人及羣體有具體的服事方向及目標。一個缺乏共同方向感及承擔感的羣體，一定缺少了生命的動力。

我喜歡細讀〈尼希米記〉的故事，因為在苦難當中，尼希米與以色列羣眾重建耶路撒冷的城牆，並且在以斯拉帶領下，共同經歷靈性的復興。尼希米的故事不單是城牆的重建（那只需五十二天），更感人的是羣體的重建（費時超過十二年）。

在實踐異象中，信心受到操練和考驗，因為是整個羣體學習與神同工，仰賴神的供應。更大的考驗是在內憂外患的情況下，維持肢體間的關係，既力保和諧又要兼顧公義。人的軟弱在壓力之下暴露無遺，人的潛力也是在張力之中發揮出來。〈尼希米記〉為我們描繪一幅既真實又感人的圖畫，叫我們不會對羣體生活抱着羅曼蒂克的憧憬，卻又激發我們嚮往之情。

從〈尼希米記〉我們得到啟發：一個羣體要共同經歷這實踐異象的「外程」(outward journey）必須注重異象的傳遞、恩賜的發掘、信徒的動員、禱告的操練、事工的策劃、分配的公平、榮辱的共享。

「突破」是個學習實踐異象的羣體，由於一百多位同工背景不同、個性有別、靈性參差，所以經常遭遇困難。類似〈尼希米記〉中的內憂外患也會多番出現；因此，當我們一同查考〈尼希米記〉時，心中既有共鳴，也得到不少啟迪。

但願父神不斷刷新我們的異象，並且當我們再讀〈尼希米記〉，並安靜默想時，從中得到肯定、安慰和引導。

異象與使命強調對外的服事，但是「外程」的根基仍是在於個人及羣體的「內程」：

> *"The outward journey is possible only as an expression of the inward. Unless the inward issues in the outward, the effort turns in on itself and destroys its pilgrims.*
>
> ~ Gordon Cosby. (1975) *Handbook for Mission Groups*

> 「成功的外程，必須發自穩固的內程。而內程的操練，倘若沒有外程的服事，一切工夫都是徒然，反倒叫操練的人受損。」
>
> ——寇司比

等候異象是學習與神相交的操練：安靜、獨處、默想、默禱都是歸回三一神的面前，在聆聽回應、相交、相愛各方面有所學習。三一真神並不長久保持緘默，祂按時候將祂的心意向等候祂的人個別指示，並將異象賜與每一個安靜等候的羣體，在等候的過程中，我們要學習「處理自己」內心的交戰，學習辨別內裏的聲音，並且順服從上頭來的指示。又要學習與其他「肢體相交」，得到他們的支持、代求、潔淨和印證。等候並非一個純粹個人的操練，同時是一個羣體的操練。

實踐異象是從內在的羣體往外伸展，進入世界，藉着宣講和服侍，「履行基督的使命」。雖然我們有一天都要個別向神交賬，然而完成使命是羣體的事，沒有一個人能夠獨力承擔使命。《聖經》的教導是「各盡其職，建立基督的身體」。

服侍的羣體

"The gospel knows nothing of what sociologists call 'upward mobility'. In fact, the gospel of Jesus Christ calls us to the reverse ; the gospel calls us to a downward pilgrimage. Former attachments and securities in the false values of wealth and power are left behind as we are empowered by the Holy Spirit to seek first the kingdom."

~ Jim Wallis. (1976) *Agenda for Biblical People*

「社會學家指出一般人『向上升遷』的心態，福音並不鼓勵這種傾向。因此，主耶穌基督的呼喚正好背道而馳 —— 是一個向下的旅程。讓我們將昔日以財富及勢力為基礎的錯誤價值觀，及虛浮的安全感拋諸背後，從聖靈支取能力，一心先求神的國。」

—— 華理斯

基督徒羣體並非一個中產階級信徒的同樂會，不少羣體失去生命力是由於一種內向的傾向，及未能擺脱滿足自我和「往上爬」的世俗化心態。

舊約的先知與新約的使徒都提醒信徒服侍社會中的孤兒寡婦；主耶穌的「拿撒勒宣言」亦強調祂的使命是服侍貧窮的、受傷的、被擄的，及受欺壓的；主耶穌論到未來的審判，亦強調我們服事那些赤身露體的、飢渴的、被困的，就是服侍基督的具體表現。因此，一個真正跟隨基督的羣體一定是服侍當代有需要人士的外展羣體。

因此雜誌《客旅》(*Sojourners*) 的創辦人華理斯呼籲信徒與受欺壓的人認同，華盛頓救主堂 (The Church of the Saviour) 的同工伊利莎白．崗娜 (Elizabeth O' Connor) 不斷強調一個羣體的「外程」(outward journey)。而身居印度的德蘭修女心中只有基督和世界各地的貧窮人。

我們可以從世界各地的教會及其他屬基督的羣體中汲取教訓，那些專顧「內程」的羣體，產生不少內部衝突和矛盾，最終自我淘汰；反觀那些既注重與神相交，又肯捨身服侍外人的羣體，雖然遭遇不少經濟困難及外來阻力，卻是不斷的增長。

「突破」學習建立一個服侍的羣體，不單是在內部彼此服侍，而是向外服侍有需要的青少年，並且激勵青少年去同心服侍社會中被忽略的人。教會及福音機構同樣面對過分內聚的危機，以致我們不自覺脱離了我們被召去服侍的羣眾。

有些羣體不斷往外撲，而忽視了內在生命的培植；另一些羣體卻是單顧本身的修練，而漠視羣體以外的需要。我們要嘗試在兩個極端中找到內外兼顧的平衡點。

靈修小組的目標是側重內程的操練，不能寄望這類小組全面兼顧小組的外程；但是仍當在小組中激勵成員實踐對外的服事，亦可以有些實習性質的外展操練。教會中可以成立不同性質的小組，分別顧及教會整體的內程與外程，這是教會中負責領導及策劃的同工當肩負的責任。

管理分工

摩西因職責過重而疲累，他的岳父提供一個較完善的分工制度。有些羣體出現鬆散或分工不均匀的現象，是管理上呈現危機。

不少教會都是在初期人數較少時經歷團契的甜蜜，至人數增多時，顯得鬆散、混亂。背後不一定有屬靈的因素，往往是管理及分工上出現問題，以致領導者疲憊不堪，信徒感覺受忽略，或是參與及投訴無門，不受重視。摩西在設立七十長老分擔職責後，混亂情況得到舒緩。教會的牧者及長執在管理及分工這方面要加以關注，才不致在行政上出現漏洞，影響事工的運作，及肢體的相交。我在「突破」事奉二十年，發現每次事工擴展時，都出現管理及分工的嚴峻考驗，有些同工在適應事工及人事的變動上有困難，亦引起人際間的張力。還好有一些在管理方面有經驗的肢體拔刀相助，叫我們在不斷的變動中一次又一次渡過危機。而同工們在靈修小組內彼此扶持，亦產生一定的穩定作用。經驗告訴我，任何站在領導位置的同工，要接受一定的管理訓練，不能以屬靈為託辭去解釋自己在管理及分工上的錯誤。

禱告守望

領導的同工最重要的職責是禱告守望。昔日摩西在山上禱告，以色列人便得勝；以色列人多次陷於罪中，亦是摩西與守望者在神面前的呼求，蒙神憐憫及解救。

每個羣體不能單依賴一些善於管理的人，亦必須有一些忠心的守望者，這些守望的人要定時退到山上，為羣體在神面前代求。

近年來，不少人都驚訝韓國的教會為何能夠急促增長，甚至親到韓國觀察當地教會的模式，盼望有所學習。其中一位牧者回港後，最大的感觸是當地的教牧及信徒的祈禱生活；他開始與同工們每天清晨恆切地為教會守望禱告，教會終經歷復興。

我曾經接受過一些行政管理的訓練，卻自問並非自己的恩賜所在之處，感激身邊的同工們在行政、財政，及人事管理上補我的不足。我在神面前戰兢地祈求祂賜我一顆儆醒看守及禱告的心，叫我每天為「突破」的同工及事工代求，我感謝父神賜我一位同心同行的終身伴侶，每天早晨一同到神面前禱告守望。一個羣體的建立必須在背後有一些默默地禱告的守望者。

權力鬥爭

每個人都有自我、好勝、逞強、嫉妒的一面，造成羣體內的紛爭以致分黨，甚至分裂。在羣體中需要慈愛，亦需要管教。神喜悅的是一個聖潔的羣體、合一的羣體。

昔日可拉聯同以色列會中的二百五十個首領，攻擊摩西和亞倫，展開一場前所未有的權力鬥爭，叫以色列羣眾陷入分裂的危機之中。摩西俯伏在地，對可拉和他一黨的人說：「到了早晨，耶和華必指示誰是屬他的，誰是聖潔的，就叫誰親近祂，祂所揀選的是誰，必叫誰親近祂。」（〈民數記〉16：5）神的介入，平息了這次驚人的叛變。

教會內的政治，有時和外間的一般險惡，人真是沒有可誇的地方。切忌以權力鬥爭的手法回應搶奪權力的人，摩西昔日是在神面前放手，讓神審判。人總是愛用自己的聰明、方法、手段，或權勢面對鬥爭這類問題，結果製造更多誤會和分裂。最佳的對策仍然是 let go, let God（放開雙手，讓神定奪）！

基督徒的羣體的成員也不過是人——一羣蒙救贖的罪人。這樣的組合，出現問題是必然的事，不要以為希奇。上述幾點只不過是一些最經常會出現的考驗及危機。摩西及以色列羣眾在曠野四十年的路程中三番四次的面對考驗，其間有不少挫敗，亦有不少恩典。他們的經歷，值得我們引為鑑戒，亦有值得借鏡的地方。

在考驗當中，不要忘記仰望十字架的恩典，不要失去建立羣體的目標：榮耀基督、彼此相愛、服侍世人！

彼此饒恕：羣體的延續

"Even when sin and misunderstanding burden the communal life, is not the sinning brother still a brother, with whom I, too, stand under the Word of Christ? Will not his sin be a constant occasion for me to give thanks that both of us may live in the forgiving love of God in Jesus Christ?"

~ D. Bonhoeffer

「即使在一個羣體中充滿罪過及誤會，不要忘記：那犯罪的弟兄仍是我的弟兄，我仍然與他一同站立在基督的話語之下。因他的罪，我更要懇切地感恩祈求，好讓我們繼續在基督裏經歷上帝饒恕的大愛。」

——潘霍華

羣體的破裂是由於成員間期望不同，從過於理想的期望開始，轉為失望，再演變為絕望。

開放自己是進入羣體的條件之一，開放使彼此間的軟弱都暴露出來；初時未必彼此接納，再進一步接觸時更可能彼此傷害。

每個小羣體初期可能有種陌生感，克服最初的屏障，會進入蜜月期，組員間都覺得很投入和溫暖。再進一步坦誠交流，彼此「撞擊」之下，夢幻破滅，整個羣體開始搖動；羣體是否能夠延續，彼此饒恕、接納及重建信任是最大的關鍵。

"True forgiveness is not cheap, it is divine ! "

~ John Scott

「真正的饒恕絕不廉價，乃是上帝的恩賜！」

—— 斯托德

在基督的教導中，饒恕佔了一個重要的位置，信徒是藉着神的赦免得以進入羣體，與神與人開始建交。在羣體生活中，仍然難免彼此爭競、傷害，倘若未能彼此饒恕，羣體便會破裂。

直至最後晚餐的那個晚上，門徒仍然在爭論誰為大，自我中心是羣體生活的最大障礙。當晚主耶穌為門徒逐一洗腳，並吩咐他們彼此洗腳 —— 謙卑服事，彼此認罪代求、彼此饒恕接納，是羣體生活中的核心所在。

初期教會也是充滿紛爭、軟弱，保羅在輔助哥林多教會的重建時，一方面以公義管教，同時按憐憫饒恕，叫這個充滿人性敗壞，卻又滿有恩賜的羣體得以延續。

建立一個羣體可能需要三年，破壞一個羣體只需要三天；羣體得以延續，彼此饒恕是最核心的功課。初期教會的教導以十字架為中心，家中的聚會以聖餐為重點，都是叫信徒不斷歸回領受基督的饒恕，並且彼此饒恕。

但願每個羣體都定期回到主餐的桌前，謙卑自省，領受基督的潔淨；再進一步彼此洗腳，一同經歷認罪、潔淨、饒恕所帶來的釋放。可惜不少教會已失去了彼此洗腳的實踐，亦將聖餐轉化為一個公式化的禮儀，失去原來的意義和震撼力。目前大部分教會都是每月一次，在教堂裏由牧師為全體會眾主持聖餐，但時間倉猝，急急完禮。倘若能夠經過清楚的教導，好好闡釋背後的深刻意義，再將聖餐及彼此洗腳帶到小組當中，相信更能實踐主耶穌最初設立主餐的原意，使眾信徒不斷經歷基督的潔淨、天父的饒恕、聖靈的安慰，及彼此的饒恕。

在個人操練中，讓我們個別經歷基督的饒恕，在小組交流中，讓我們集體學習彼此饒恕，叫羣體在愛中延續。

彼此交代

羣體的建立並不容易，從人類第一個羣體悲劇收場，可見一斑：亞當和夏娃彼此推賴；該隱因妒忌而動怒，後來更殺死弟弟亞伯。耶和華對該隱的問題發人深省：「你兄弟亞伯在哪裏？」該隱不敢面對，他說：「我不知道！我豈是看守我兄弟的嗎？」

從中我察覺羣體建立關係的其中一個要素：彼此看守、彼此交代。沒有看守及交代的承擔，人人仍是一個完全獨立自主的個體，並沒有向羣體交賬，並接受他人看守的相連關係。願意向羣體交代（accountable），是對羣體信任、珍惜的表現。

歷代以來，每個有生命力的羣體都有這種彼此交代的連繫：從主耶穌和十二門徒、初期教會、衞斯理復興期間的小團體、中國的家庭教會，以至一些成功的「細胞小組」，都有這個共同元素。交代是將個人生命與這個羣體的人分享，並向這組人負責。當然，分享的深度及負責的層次，並非每個組員之間都劃一處理，正如主耶穌和十二門徒之間也建立了不同深度的關係；但是雙程的彼此交代，是一個共同的契約。

每個信徒最終都向神交代；但是一個自稱只需向神交代，毋須向人交代的信徒，是陷入自我孤立的危機中，很容易自欺欺人，陷在罪中而不自覺，或是不願被人察覺。

昔日衛斯理的小團體有非常嚴謹的交代契約，不單包括聚會的密度及程度，亦包括個人分享的範疇。今天教會基督徒團體亦對成員有某種期望及要求，但是一般而言，彼此交代的意識並不強，特別是在心靈狀況這個層次，已經失去了彼此看守的功能。教會及基督教團體有日趨機構化、事工化（task-oriented）的趨勢。

彼此交代是出於自發，亦基於我們對基督的共同交代，不能單憑行政手段去維繫。讓我們從基督和彼得之間的彼此交代關係中學習，重建一個有看守和交代功能的羣體。

信主年日愈長的信徒，更加需要學習交代的功課。初信的人，自知本身的不足，樂於向人交代及學習，他人亦很自然地看守及照顧這些「初生的嬰孩」。信主日子久了，便以為自己學會了，他人也不好意思追問一些最基本的問題：你最近有安靜靈修嗎？你覺得自己與神的關係如何？你和家人相處有沒有困難？……好像我們必然是沒有問題一般。

傅士德寫了一本書，探討金錢、性慾，與權力幾個問題。原來最明顯的陷阱，卻是很多基督徒失足的網羅；最顯眼的罪孽，竟成為最多人的盲點。最近的調查顯示，美國教會不少傳道人竟然沉溺在色情刊物、婚外情的深淵中，不能自拔。

最近聽聞一連串痛心的事件，都是一些我敬重的神的僕人，分別陷在罪中。我接納任何人都有軟弱，更清楚自己的軟弱；因此我不斷提醒自己：不要相信自己，要向基督徒的羣體有所交代。

屈指一算，我信主已有三十年，在「突破」事奉亦有二十載。年輕的同工及信徒都對我信任、有期望，卻很少有信徒直接要求我交代自己的心靈狀況。因此，我懇切的祈求主，叫我維持一顆主動向羣體交代的心：在金錢、男女關係、權力幾個危機四伏的領域，更要保持透明度，清清楚楚的有所交代；在「突破」的行政、財政、人手管理上，保持一定的上下交代渠道。我們又鼓勵同工們自發地加入靈修小組，在靈性方面彼此看守；我又與幾位親密的戰友成為鄰舍，好在日常生活中彼此照應，在家庭生活中亦彼此看守。我們能誇的是神的能力，在我們的軟弱上顯得完全。

寫靈修札記要誠實，不要陷入自欺的陷阱，這是向自己、向神交代的好途徑。當我們將靈修札記所摘錄的心路歷程與靈修小組分享時，是建立一種向肢體交代的生活方式。當我們經常自閉在自我的幽暗中，很容易成為撒但的獵物。讓我們一生都行在三一神的光中，並且讓看守的弟兄為我們挑開自己看不見的刺，或是協力挪開自己搬不動的樑木。當弟兄被軟弱所困時，求神給我們勇氣去提醒、扶持、勉勵，並挽回。我們都需要弟兄；弟兄也有需要我們的時刻。

彼此相交

"The church today is suffering a fellowship crisis. It is simply not experiencing nor demonstrating that 'fellowship of the Holy Spirit' (2 Cor. 13: 14) that marked the New Testament church. In a world of big, impersonal institutions, the church often looks like just another big, impersonal institution."

~ Howard Snyder. (1975)

The Problems of Wineskins: Church Structure in a Technological Age

「今天的教會正面臨相交的危機。教會中難得經歷或展示新約時期教會中的『聖靈裏的相交』(〈哥林多後書〉13：14)。這世界充斥着的都是一些毫無親切感的大型機構，教會亦有逐步非人化、機構化的趨勢。」

—— 史耐達

史耐達相信透過小組能夠促進教會內的肢體相交，這些小組有下列特點：1. 信徒定期聚集；2. 鼓勵彼此溝通；3. 氣氛較為輕鬆，讓聖靈自由運行；4. 同心研讀《聖經》(*The Problem of Wineskins*)。

靈修小組的設立正好符合上述的準則，有助促進肢體相交；當然，信徒的相交不應局限在小組聚集的時間之內，在日常生活中亦當實踐彼此關顧的相交生活。

香港部分教會已醒覺到「相交危機」有損信徒的成長及

教會的增長，正在用多種的形式推動教會小組化，這是個可喜的現象，因為新約時期的教會也是以家庭小組作為骨幹。不能忘記的是：小組成員仍需維繫個人的屬靈操練，才會在小組中經歷彼此相交，與神相遇。

要建立一個屬神的羣體，一定要明白《聖經》中團契或相交的觀念——Koinonia。這個字包括了與聖父、聖子、聖靈相交（〈約翰一書〉1：3，〈哥林多後書〉13：14），及彼此相交（〈約翰一書〉1：7）。

相交包括了作伴、分享、相顧、同舟共濟、共負一軛等意思。下列的經文都是用這一個字來表達信徒之間的關係：

- 彼此認罪，互相代求（〈雅各書〉5：16）。
- 彼此激勵相愛及行善（〈希伯來書〉10：24）。
- 同守主餐（〈哥林多前書〉11：24-25）。
- 服侍聖徒（〈使徒行傳〉11：29；〈羅馬書〉12：13；〈哥林多前書〉16：1-2）。
- 擔當他人的軟弱（〈羅馬書〉15：1）。

信徒彼此間的相交及相愛是行在光中，及真正愛神的印證（〈約翰一書〉1：6-7, 4：12）；主耶穌離別的禱告也是祈求信徒能彼此相交（〈約翰福音〉17：21）。

只可惜今天不少教會或團體都逐漸失落了這個相交的意識及實踐，以致彼此之間純粹憑事工去維繫。沒有相交，便沒有羣體；而且，人的本質既是「相交的本體」（being-in-fellowship），失去羣體生活，便叫人的生命凋謝。難怪不少教會竭力推動工作，卻是生命枯乾。

〈使徒行傳〉的重點在於聖靈的工作及教會的逐步擴展（從耶路撒冷、猶太全地、撒瑪利亞，直到地極），然而從其中的一些片段，亦得一窺初期教會的團契生活；事工並非初期教會生活的中心，信徒們的能力源於與神相交，及彼此相交。

戰友、盟友、諫友

'However rare true love may be, it is less so than true friendship."

~ Francois Duke de La Rochefoucauld. (1665) *Maxims*

「真愛已經難尋，真友更加難覓！」

—— 拉羅什福柯

"The real friendships among men are so rare that when they occur they are famous."

~ Clarence Day. (1920) *This Simian World*

「男性之間的真正友情有如鳳毛麟角，偶然發現這些友情故事，必然街知巷聞。」

—— 克勞倫斯．戴伊

每一代的文學家都歌頌友誼的尊貴，又嗟歎友誼的稀罕。

在羣體中建立人際關係，亦要遵從淺談入深交的漸進程序。靠着神的恩典，我們盼望在羣體中經歷相交，並進一步建立持久的友誼，找到神為我們預備的靈友。

現代人談及友誼，只是停留在理性與感情交流的層次，難得赤露敞開的心靈相交。在基督裏的友誼，包括了聖靈裏的交通，有三一真神介入其中，牽涉的領域截然不同，所以才稱為「靈友」（soul friend/spiritual friend）。

當我們細讀大衛的一生，便感受到他是個有血有肉的人物──靈性的境界高不可測，軟弱時卻陷於最可怖的罪中。在他一生之中，感人的一面是他和靈友的交往，其中有三類朋友最值得我們進一步探討，有助我們建立類似的友誼。

戰友：戰友其中一個特色是同為神的國付出自己的生命，在共同的戰線上彼此相扶、並肩作戰。大衛是神所揀選的君王，不知多少次出生入死，為神的國度爭戰；神賜給大衛一羣患難與共的戰友，他們之間的情誼十分感人（〈撒母耳記下〉23 章）。

盟友：聖經中最感人的友情，莫過於大衛與約拿單之間那份純真的情；他們多次互立盟約，不單互相欣賞，更願意為對方捨命。這般友情可遇不可求，是神的特殊恩典（〈撒母耳記上〉18-20 章，〈撒母耳記下〉1 章）。

諫友：最有智慧的人都有盲點，最好靈性的人都有軟弱，人實在沒有可誇的地方。大衛陷在罪中時，四周的人都不敢直言，神卻預備了一位「置頸項於度外」的諫友拿單。拿單的逆耳忠言及愛心勸諫叫陷在罪惡深淵的大衛再次歸回（〈撒母耳記下〉12：1 -15）。

在屬靈的羣體中，真正的友誼並非單為滿足個人的心理需求，解決個人的孤寂；是聖靈將友誼提昇到一個更高的層次，彼此激勵愛主愛人的心，在神的國度裏共同爭戰，因基督的愛願意為朋友捨己，並且在愛中坦誠的互相勸諫。

讓我們重新檢視自己所建立的友誼，求神為我們預備真誠相對的靈友，包括戰友、盟友和諫友。透過這些朋友，我們更經歷與基督為友的真實，聖靈伴我們同行的珍貴。

我在《突破》雜誌主持一個專欄「我的困惑」，收到很多讀者來函，發現原來有不少傾訴無門的孤寂人。意想不到的是收到好些男士的來信，表達他們的孤獨困境；於是我寫了一篇文章，題為「沒有朋友的男人」，引起更多男士的共鳴——有些是找不到適當的詞彙去表達內心的感受，另有一些表示對人不信任；不少是恐怕暴露自己的真面目時，換來他人的拒絕；更有不少堅決要維護強者的形象，還有一些不願意聽見一些逆耳的諍言……於是築起重重的圍牆，將自己完全孤立起來。

這些年來，我一直在學習如何成為他人的朋友。我發覺大部分人都在尋找一些願意聆聽的人為友，在困苦中的人尋求的是願意接納及並肩同行的人；當自己坦誠地剖白自己的弱點時，不單自己覺得輕省，他人也樂於接受，並且會伸出援手。在我的個人觀察和經歷中，大部分人的孤寂是自己一手造成的。

身為基督徒，我們已有主耶穌為我們的朋友；在基督的光中行走的人，會有一顆更為通透的心，較容易衝破自我封閉的牢籠，讓他人觸摸自己的心靈。與主為友是與人為友的催化劑，曉得獨處的人更曉得與人共處。

就讓大衛的友情故事激發我們，叫我們更有信心去尋求戰友、盟友、諫友，亦讓我們在羣體中交換交友的難處與心得。

五、文字

我不是作家

我在 2021 年香港書展中被選為年度作家，感到很榮幸，但這真的不是我的寫作能力而得到的，反而自覺是不曉得寫作的人。只是，我與寫作結下不解之緣。

我最早開始寫作是在青少年時期，那時在溫尼辟留學，參與留學生雜誌《泉源》的支援工作。那時我根本不知何謂寫作，但在醫學院學長何皓光的鼓勵下嘗試投稿，寫一些短文、人物介紹、個人心聲。我的文字粗糙，卻獲刊登，並選輯出來編成文集《等》、《給摘星星的人》，可謂寫作的開端。

但真正學習去寫，一定要提起我在文字事奉上的啟蒙老師：蘇恩佩姊妹。恩佩是真正的文字工作者。我與恩佩在「突破」共事，親眼目睹她對每一篇雜誌文章的遣詞用字都斟酌推敲，仔細修正，一改再改。我也參加她為同工開設的寫作班、論壇，領會了抗衡文化、文字救贖、自甘貧窮、回應社會等理念。我觀察到她經常閱讀許多不同範疇的書籍，她的言行、對社會的關懷和內心的激情，往往與她閱讀的書有關。她經常送書給我，從這些書和她寫的文章，發現她內心世界如此廣大，這些內涵蘊釀成她的寫作養分。

我雖然認為自己的文筆不好，但因受恩佩的影響，我在她鼓勵下也開始寫作。她說既然我以前在《泉源》有寫作，寫作也不會太弱，鼓勵我繼續寫，後來更鼓勵我在《突破》雜誌發表。我在文字表達方面有很多限制，未能暢所欲言，不過我感到高興的是，這些文章裏面有自己的感情、自己的生命、自己的期望。她啟發我參與青年工作，啟發我寫下來，與人分享，於是我在《突破》雜誌寫專欄「醫者心」。

在《突破》雜誌的文章，後來結集成為我第一本著作《醫者心》。這是我首次正式出書，也獲得了讀者回應，鼓勵我繼續寫下去。這本書記述我當年行醫時與病人及他們家屬的關係，讓我對生與死有新的體驗，更學習與病者和家屬在生死關頭中同行，並探索生命的終極意義。

當我構思有意思的題目，就可以繼續寫，與更多人分享，畢竟相比起面對面交流、講座或講道，書籍可以接觸更多人，更多意想不到的對象，尤其是一些愛閱讀的人。而且，因着出版書籍，有機會接觸台灣、國內、東南亞、歐美華人等，我也會到當地分享，親身接觸不同的讀者。

經過多年學習寫作，我知道自己不是作家，不過是青年工作者，寫作水平與恩佩差很多。不過我不比較，只要接受自己的寫作水平，只要能與人分享，就不用計較太多了。

文字輔導員

我學輔導最早是在美國三一神學院（Trinity University）

的，因有醫學底子，恩師 Dr. Gary Collins 認為我可以學習輔導。回港後，有神學院邀請我們開辦輔導科，那時香港的神學院尚未開設輔導科的，我每次設定一個專題主講，很多教會牧者未曾受過相關訓練，於是前來上課。

那個時期，「突破」的輔導同工，例如詹維明也很喜歡寫作，她主持的「明心信箱」，收到很多提問和回應，於是她開拓了輔導書籍的出版。我參與輔導書寫作，是為了寫給學生，也當成是教學筆記，後來才整理出版。我發現這些書籍，不但可以幫助學輔導的人，也可以幫助更多非專業人士。

做輔導員時，我每天會面見很多不同狀況的人，若沒有透過寫作整理，自己都會混淆。記錄整理有助釐清和整理每個個案的情況、進度，幫助自己反思，然後思考下次再見面如何跟進面談。寫作訓練思維，思維不清晰就無法寫。很多人一直在做做做，卻沒有停下來整理。我鼓勵輔導工作者多寫作，過程可以幫助自己有更多反思。不過，很多輔導員或者會擔心自己文筆表達弱，就不敢寫，這當然不能勉強。

寫書是把經驗向輔導者和青年工作者分享，希望他們透過我的經驗得到啟發、得到幫助，也是一種經驗交流。在寫作的時候，我會搜集資料、翻查書籍，這過程也使自己進步。正如很多學科都鼓勵研究者寫作論文，互相觀摩交流，使專業進步。我很少要求個案看我的書，除非個案本身都有與我相類似的經歷和困難，我才會建議他們看看。例如《從未遇上的父親》描寫我與父親之間的關係，如果個案也有類似情況，我會請他們看這本書，但不會隨便強迫他們一定要看我的書。

「突破」的事工包含人際和出版的向度，對文字工作極為重視與堅持。最初是出版雜誌，然後是書籍出版，但進入書籍出版範疇，我們真的不懂得，於是只好一邊學習一邊嘗試，自己先在雜誌寫，然後結集出書，能獲得迴響，就鼓勵我們做下去。一直到今天，我們仍堅持走文字的路。而文字事工和人際輔導兩者配合，就可以把影響擴散。輔導員每次只接觸到一個個案，但一本雜誌或書籍卻可以接觸過千人，故此輔導結合寫作出版，就能兼顧闊度和深度了。

文字帶來的生命交流

一個人經驗的事，無法與人分享，即使與人傾談也充其量只是學術交流。作為輔導者，我不只想與人學術交流，也想有生命交流。只要他有相類似經歷，我們就可以交流。透過寫作，我能與不同的人交流，讀者會向我分享他們的經驗，表達我的經歷幫助他們有新的想法，有時也會向我表達他們的體會，我也因此得到豐富。這是個很好的互動過程。

讀者閱讀時最大的興趣不在學術內容，反而是我的親身經歷，觸動他們，有時他們會寫回應給我，彼此交流，也有讀者隔了一段時間再找我，訴說之前遇上的問題已解決了。

有次在一個講座，遇上一位年輕人，他向我表示曾讀過我的書，也聽過我的講座，想跟我談談。之後我們在數年間有多次會面，每次會面時間很長，在不同題目上交流。後來他由金融經濟的本業，轉向青少年培育，甚至因我的《生命影響生命》而寫了一本《生命啟動生命》，回應我的書內提出的論點和故事。我很欣賞他的書，也對書寫下回應。之後我們還持續有生命的交流。

大部分時候讀者不一定會給予回應。如果難得收到讀者回應，我會很感激，這代表了他們對作者的信任，他們需要鼓起很大勇氣才能找作者。可惜這類讀者不太多，雖然作家現在能透過社交平台與讀者交流，但對我來說要花的時間太多了，只能等待讀者寫信給我。

回應靈性需要

一般輔導書通常包含了社會、心理等跨學科專業——但我重視人在靈性方面的需要，所以我寫的每本書都有信仰元素。不過，我不想強行說教也少用術語，希望連沒有信仰的人都能明瞭，讓他們都知道這些內容是與他們的生命有關，同時我也特意分享自己的經歷，希望啟發人在靈性方面的覺悟，知道自己有靈性的需要。其實信徒也需要留心自己靈性的需要。我相信只有信徒才能回應靈性需要，沒有神學的輔導，只能回應身心社的需要，卻無法回應人在靈性方面的需要，是不足夠的，只有回應靈性方面的需要才有力量幫助人，要把信仰與輔導結合，輔導的文字才可以達到生命的深度。

在文字中同行

透過寫作和出版，得到很多回應。譬如，在回歸前的一波移民潮下，讀者透過我的書《植根香港》，感到有人明白他們的處境，感到恐懼也想走，但走不動。這些書首先幫助我，家人當時也勸我走，我覺得自己不是沒能力離開的，但我也要尋找自己的召命。我的召命，是神呼召我回港服侍、服侍在港的青年人，〈使徒行傳〉、〈啟示錄〉都提醒信徒在艱難的處境下仍能活出使命，雖然艱難，但仍可以行出信仰。我希望這些書給予留在同一地方的人，我們留下來，可以彼此扶持、同行，活出使命，我們就是互相支持的羣體。

書的生命故事

我十分感激父親捨己地支持我到加拿大進修醫學；然而當我轉而投身青少年工作時，卻令父子關係破裂。想不到後來有機會與父親的生命再相遇，他竟然接受基督信仰，記得當時我主講一場在大型體育館的佈道會，當天妹妹的女兒邀請我父親接受耶穌為救主，我從講台下來，迎看他到台前並開聲為他決志祈禱。

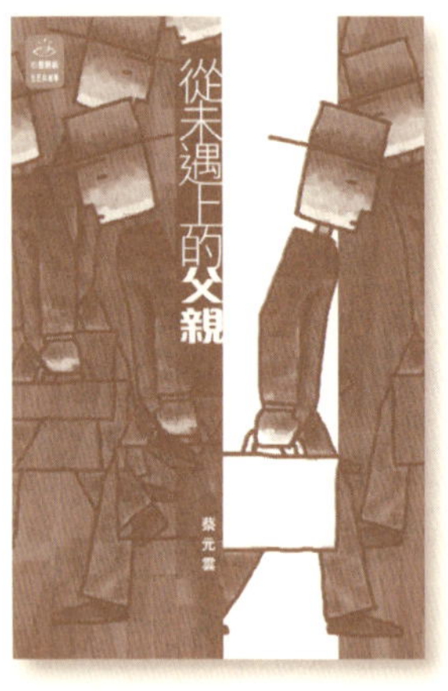

《從未遇上的父親》

《生命影響生命》

我用了很長時間查考《聖經》中記載跨代師友的同行故事。我發現年輕的一代十分珍惜友師那份無私的愛。我在這本書是以身作則，分享如何經歷生命被神更新，並找到人生的召命、承傳神的使命。

《與恩師的 10 堂課——我的路》

這本書記載了恩師伴我同行的過程中我學習到的生命功課。我衷心感謝這些恩師伴我同行，讓我的生命得到肯定，在低沉的時刻得到支持，並且找到我的召命；既與神同行，亦樂意與青少年同行。這「10堂課」是我的經歷，亦願意與為人友師分享，相信對青少年也有啟發的作用。

這是一本生涯規劃的指引手冊，讓青少年透過自省並發現自己的強項弱項及心中深處的夢想；勇於朝着夢想裝備自己，有一天放膽展翅飛翔。

《敢夢想飛 —— Young life 召命導航手冊》

身為青少年工作者，我發現每個青少年都曾經歷成長的喜悅和創傷，而我也深信每人都可以跨越幽谷，再闖前路。

我查考聖經人物時，也發現在神的眼中：一個都不能少；他的愛讓每個人都發現自己的尊貴，活得更精彩。

《一個都不能少 —— 再思青少年的成長與教導》

《我看見神的作為——
蔡元雲醫生的 13680 個日與夜》

在我與青少年同行與「突破」同工同行的歷程中；經歷香港這城市的轉變：從英國的殖民地到中國收回主權成為一國兩制下的一個城市。香港曾出現的移民潮帶來一定的影響，同時獲得機會與國內的大學合作，進行「生命教育、生涯規劃」的培育工作。在過程中我遭遇各種的考驗，最後以一句總結：「我看見神的作為」。

《我本不曉得禱告——
學習禱告之旅》

身為基督徒，我心知禱告的重要。讓我與神的愛結連，學習辨別神的指引。然而，我真的不曉得如何禱告。這本書記載了我學習禱告的歷程：有恩師指導，有一些很重要的書籍啟發，另外《聖經》中也滿載禱告的重要和指引。我更珍惜我的家人、主裏的朋友、同工與我一同學習禱告。到今天，我仍在學習如何禱告。

著作選輯

《醫者心》：本書增訂版出版於 1981 年，是蔡醫首本著作，也是唯一一本以醫院、病人為題材的書。描繪當年行醫時與病人及他們家屬的關係。對生與死有新的體驗，更學習與病者和家屬在生死關頭中同行，並探索生命的終極意義。

《醫者心》增訂版序

我承認自己對《醫者心》有份特別的感情，因為它令我聯想到「突破」的誕生。《醫者心》是我的第一本書，也極有可能是唯一一本以醫院、病人為題材的書。

1971 年的夏天，我投身香港的一間小規模醫院工作。我熱愛那份工作，也嘗試接觸病者的生命：我驚覺生命的短暫，更迫切地感到人的生命需要蛻變。1973 年夏天，我辭退了醫院一半的工作，投身「突破」事奉，《突破》雜誌就在那年面世了。

想不到在 1976 年夏天，神竟然帶領我完全放下自己喜愛的醫院崗位，一家四口到美國唸神學與輔導，回來後全時間投身「突破」事奉。是五年前的事了，可是時至今天，我仍沒有忘懷那間小小的醫院，腦海中仍隱約浮現一些病人的影像和聲音。

我並非厭棄了醫療工作才轉投今天的事奉，而是我確信神在我身上的主權和引導。過去幾年，我主要的事奉崗位是「突破輔導中心」，輔導室與病室固然很不同，但是也有相似的地方——醫者不能缺少輔導心腸，輔導也不過是另一層面的醫療。而且輔導的工作使我更加確信，人的生命需要蛻變。

本書收集的文章主要是 1974、75 年間在《突破》雜誌發表的。我在文字表達有很多限制，未能暢所欲言，不過我高興的是，這些文章裏有自己的感情、自己的生命、自己的期望。

是我多年的戰友，《突破》雜誌第一任總編輯蘇恩佩鼓勵我執筆寫這一串的文章，是道聲出版社社長顏路裔牧師將這些文章彙集成初版，是我妻子水玉一直與我同心路過人生高低的路，是主耶穌基督帶領着我攀那山、通那幽谷！

《醫者心》不單是幾篇散文，也是我的心聲，更刻劃了我人生中特殊的一程。

部分著作

1. 《我本不曉得禱告 —— 學習祈禱之旅》(2018)
2. 《生命師傅與生命答案》(2016) *
3. 《我看見神的作為 —— 蔡元雲醫生的 13680 個日與夜》(2016)
4. 《婚姻，你真的懂？》(2016)(與上官賢恩合著)
5. 《牧養新世代》(2013)(與謝文策合著)
6. 《敢夢想飛 —— Young life 召命導航手冊》(2004 初版，2011 增訂版)
7. 《與恩師的 10 堂課 —— 我的路》(2010)
8. 《改變，由我開始》(2009)
9. 《一個都不能少 —— 再思青少年的成長與牧養》(2005)
10. 《炮製少年不倒翁 —— 家校抗逆手冊》(2003)(與區祥江等合著)
11. 《從未遇上的父親》(1991 初版，1999 二版，2002 三版)
12. 《生命影響生命》(2001)
13. 《我該對孩子說甚麼 —— 21 世紀好爸爸箴言》(1999)(與區祥江合著)
14. 《男人的面具》(1998)(與區祥江合著)

15.《時代者之歌——融入生命的〈詩篇〉默想》（1996）

16.《征服恐懼——給我兒》（1992）

17.《植根香港》（1989）

18.《醫者心》（1981 增訂版）

* 由香港皇冠出版社出版。

結語：無悔，傳給後來者的禮物

2023年臨近復活節的一個清晨，與蔡醫回顧這些年，談到他的legacy，話題環繞傳承，尤其他近年在事奉所積累的心得，現輯錄部分內容及他在一次課堂上的講話，整理成文字，和大家分享。

執筆：李淑潔

最初，源於恩佩回應神的呼召，開始「突破運動」。到了今天，已走過五十年，一代接一代，代代交織，散佈在不同地方、不同崗位，匯聚成為神國的故事。蔡醫昔日師從恩佩，熱愛青少年的心，五十年如一。他大半生投身青年事工，近年更致力青少年工作者的人才培訓，對如何培訓青少年工作者有深刻的體會和經驗。

傳承啟後——培訓青年工作者的異象

作為青年工作者，我可以傳遞給這一代人最好的禮物（legacy），就是栽培青少年工作者和培訓師。

2012 年我和幾位同工開始了一個名為「青少年事工培訓師」的碩士課程（Trainers in Youth Ministry，簡稱 TYM）。

TYM 可能是我一生所做的事工中最重要的一項，就是用心栽培青少年工作者、牧者、培訓者，train the trainers——這是神給 TYM 很重要的使命，是為青年工作開展了一個新的里程。

這個培訓課程驟眼看來簡單，好像不是什麼耀眼的 projects（項目），我們很低調去嘗試實踐這種培訓理念。經過十一年，我們確是盡心盡力，最後的第三屆學員也畢業了。回望這些年，實際運作時根本不只是上課，而是與學員一起共同學習，師友同行，踏上一段**跨代傳承的旅程**。

不只要 mass，要 multiply

開展 TYM，這到底還是受恩佩的影響。我是後來重新檢視思考：為什麼恩佩如此觸動我，回想她是怎麼影響了我的人生，她是怎樣栽培我，如何花時間心思在我身上。要是我也能夠如此栽培帶領一個人，他都會 multiply（倍增結果）。所以我改變想法，不用做許多事，只要栽培人，不過要做得扎實深入。保羅到了成熟的階段，他怎樣栽培提摩太等門徒給我很多啟發。

我是到了六十歲經過反省，才有這個醒覺。我以前頗注重 tasks（事務），做得很闊，着重 mass（羣眾），在意有多少人看我們的雜誌、有多少聽眾聽我在電台的節目，又做過多少培訓、營會，但我有種 touch and go 的感覺。不是那些事工不好，如果那些年輕受眾有好的牧者跟進當然最好，否則單靠參加活動，生命的改變不夠深刻。可惜恩佩早離世，也許我當時未夠成熟，我並非在否定過去所做的努力，不過以前看事物與現在的確很不同。

在開展 TYM 時，有 Ellen 在身邊，她很鼓勵我做 TYM，也覺得我到了一個階段，是時候不該做 mass，更要忠於召命和帶領。2012 年 9 月開課時，Ellen 病了，她依然來 TYM 課堂支持。到 Ellen 走到人生最後一程，她仍然用心與我一起牧養這些青年工作者和牧者，令我非常感動。

為了神的國度

對於青少年事工培訓，我們老師團隊聚集的時候想到一個詞：「以終為始，Start from the End」。

其實在《聖經》裏有些啟示經卷已經說明這個概念。沒有看整本《聖經》，人會斷章取義。所以我鼓勵青年工作者要看一些書，例如 *The Mission of God*（中文版：萊特著，李望遠譯（2019）：《宣教中的上帝》，台北：校園書房）。作者從整本《聖經》，從〈創世記〉到〈啟示錄〉查考 Mission of God，找到耶穌的記號。這樣讀，會讓你的視野非常不一樣；斯托得有本非常好的書，也是以整本書查考一個主題 *The Cross of Christ*（中文版：劉良淑譯（1990）：《當代基督十架》，台北：校園書房）。

我們活着就是榮耀神，我們活着就是為了祂的國度。不是為任何機構，很多人會用機構或教會作為單位，很狹窄。TYM 團隊是為了神的國度，不是為了一個機構，而是以天父的心為念。神給予我們大使命，只有一個，不是我的，不是個人的使命，而是神的使命。這個使命就是「傳到地極」，為的是什麼呢？使人成為基督的門徒。

建立門徒使命羣體

我要謝謝同行多年的同工 Freeman，提出這個代表

TYM 的核心名詞：**M**issional **C**ommunity of **D**isciples（簡稱 MCD），就是門徒使命羣體。

我們都是非常個人主義的，但每個人可以做的事很少。在神的大使命圖畫中，個人的召命只是很小的一塊，一定要跟羣體結合起來，方能成就神的大使命。不單青年工作者之間需要連結成羣體，也該跟其他機構、教會、教堂連結，每一個都是我們的夥伴，不可以分門別類，不可以競爭。常有機構和機構之間競爭、教會與教會之間競爭，説你搶了我的奉獻、我的羊，心懷這種觀念的其實很可悲，內心常常都是爭競比較，也會很痛苦，故此連結（connect）是很重要。

誰掌管這個世界？進到真正的世界，苦難、分裂、撕裂都是真的，不過要知道在意想不到的地方都有神的工作。我們可能都覺得自己相當優秀，但是要謙卑。要是我們只有羣體，而沒有使命，就不是屬主的門徒，更不是有使命的羣體。我們共同有的使命，就是神的使命。這是我上文提到的《宣教中的上帝》內的重要信息，邀請工作者仔細閱讀。

為什麼要靈命塑造？

TYM 的核心培訓是**靈命塑造與培育門徒**（Spiritual Formation and Discipleship）。

如果我們不跟神連結，就不知道怎樣愛青年人到底，不會有能力去做青少年工作的。青少年很可愛，但亦常常有不太可愛的時候，因為他常常會挑戰我們的底線。而且《聖經》提到末後的日子充滿屬靈爭戰，每個人也有自己的爭戰，不斷地發生，這些爭戰個人要怎麼去應付？

我們說的靈命塑造，是看你的生命有沒有給神「摸到底」，把你從內裏底層更新，否則生命就只有表面，只是在不斷地自說自話。

我對年輕人最大的幫助是在於我的生命缺口。當我願意面對自己生命成長的傷痛，因着天父的愛和羣體的支援與同行，我慢慢能夠承認自己真的是受了傷，面對自己真正的感受，被天父去擁抱與接納我。當我能夠放下「受害者」（victim）的身分，我的眼睛忽然明亮了，在我活出召命的路途上，除了我被父親的拒絕而受到傷害，原來我也是一個「加害者」，深深的傷害了我的父親。當我鼓起勇氣去面對、整理和分享這個經歷，原來能夠觸動很多在家庭裏的「受害者」和「加害者」。這些經歷都在《從未遇上的父親》呈現，給我最多讀者回信的正正是這本書，故此不要以為你的強處才能祝福人，很多時候你的軟弱也能祝福人！

所以，工作者不要衝動，什麼問題都由自己主導。靈命塑造很重要，這一定是由聖靈主導。我們要安靜，經歷神的話、神的靈，不是只用頭腦分析《聖經》。

當然你要熟讀《聖經》。神用每個字，有它的意思，不可以隨意去解讀，也有它的歷史背景，要按真意分解。不過，不可單單停留在字面，還是要謙卑，讓聖靈帶領你進到神的話裏，讓神進到你的生命裏。若是你沒有這樣，很難培訓他人。教會裏很多的培訓課程，若沒有生命關係，只是像考試。我們把考試文化帶進教會，門徒培訓系列課程變成一、二、三的階梯層級，考完一級再升級，結果只是擁有一些頭腦知識，並沒有生命實質，所以栽培門徒，靈命塑造是非常重要的。

栽培不只是一門課

全球「青少年事工培訓師」碩士課程是全球性項目，旨在有系統栽培青少年工作者。開始的時候，伯特利神學院（「伯神」）陸輝院長跟我們一拍即合，他看重神對我們的呼召，對青少年的熱誠以及事工經驗。我們有一些很好的專家、老師、導師，前來幫助培訓，這都是恩典。「伯神」願意負責提供神學、輔導等課程；我們則提供青年工作者的核心培訓，包括靈命塑造、栽培門徒、師徒生命導引、青少年成長、文化、事工實習等課程及整合。

而課程更包含這兩個重要元素：

「青少年文化」：青少年文化就是土壤（soil），土壤會影響人長成的樣子，所以是很重要。我們常常説要撒種，令我們感到疑惑的是，我撒這些都是好種，但為什麼那麼快就枯乾？我們要認罪，因為我們太不明白他們的土壤。在資訊爆炸、瞬息萬變的新世代，青少年面對着不同的文化和思潮衝擊。基督徒往往處於消極退縮，甚至捱打的狀態；因此我們要反客為主，好好的裝備自己去實踐文化的使命。在 TYM 的課程裡，我們匯聚了前線的青少年工作者、年輕的神學工作者、文化工作者，最重要還有青少年，一起去認識、反思不同的文化如何影響着我們，並且學習道成肉身，在日常生活中踐行，嘗試耕耘和創造屬於基督的文化。

我們要認罪，因為我們太不明白他們的土壤。改變文化，須要靠神莫大的恩典。

另一元素是「**青少年成長**」：著名的教育家羅伯特・富甘（Robert Fulghum）說過："All I need to learn I learned in Kindergarten"，怎麼樣做人？怎麼樣守規矩？怎麼跟人相處？怎麼樣學習？在零至三歲的階段，那些最重要的東西你已經學會了；什麼是安全感？什麼是愛？什麼是接納？什麼是你的個人身分？在那三年當中已經留下非常重要的印記。很多問題就是源自那三年成長期，但看青年人，我們要看每一個成長階段：零至三歲、四至六歲、七至十二歲、少年期、再到青年期，每一個階段都不同，有不同的成長使命。培訓十二歲和二十歲的年輕人是不一樣的，所以我們會有系統去看青少年的成長，並且一定得以《聖經》去批判，因為大多數的心理學裏都是無神的，相信全部內容就很危險。我們的目標是基督化

（Christization），成為基督的樣式（become Christ-like），當然每個人都不一樣，但最終是要有基督的生命。

同行共學，不斷更新

社會變化急劇，若被服侍的青年人，生命的根扎不夠深，獨自外闖，很難面對社會複雜的挑戰。神給我啟發，關心圈外的羊很重要，無論教會內外，都需要生命導師。生命導師，跟 coach、教師是有分別的。生命導師不是去解決問題，事實上不能靠自己的能力，而是要靠着神的恩典、聖靈的能力才能改變生命，這對我的事奉產生很大的轉變。

我在 TYM 的培訓過程，有許多反省和改變。因着我的醫科、神學訓練，開始的時候，我還是比較着重教授內容。同學漸漸看到那不過是一些基礎，但他們也在看老師的生命，體會真正能影響人的內心，不是靠技巧、知識、學問。他們後來回饋説，跟着你們，明白到青年工作是什麼一回事，不只是事工，要先跟隨主做門徒，然後成為工作者、牧者、培訓者；being 很重要，要真正影響別人生命，自己首先要被神陶造、更新。

我一直都強調工作者要學習安靜。我會去靜修，甚至安排多個星期的時間來退修，由導師每日一對一引導，幫助我反省生命。看書、用口講「要靜」是無效的，重要的是實踐。我們的培訓也會有導師定期導引同學，可是並非人人肯花工夫去聆聽神。心靜，才能夠經歷主，真不容易做到。

回望前瞻，都是恩典

我明白青年工作不能夠用一套公式或課程來教。耶穌怎樣栽培門徒，給我很大的啟發。他只揀選十二位，按着每一個人的不同特質來引導。我們收取的同學人數不多，十一年才五十人，還有些半途離開，那些能耐得住的，嘩，他們的生命改變了，改變對牧會的觀念，體會什麼是真正的生命牧養。於 2023 年完成了三屆，培訓任務也就暫時畫上句號，由學員接力向前，在不同地域，延續耕耘、創新牧養新一代。其中更有在他的所在地成立了培訓中心，我非常感動。他們培育新一代，比我們去做的更好。那正是後來所做的，可能比之前所做的更珍貴。

我和三位同行多年的同工（德誠、Freeman 和淑潔），雖不再是 TYM 老師，依然每週開祈禱會。無論透過網上或探訪見面，為畢業同學祈禱，為他們祝福，繼續同行，見證主在他們身上的工作。是的，我們在這個歷程中有重要的反省、同學的生命更新，都值得記錄，我希望日後能分享這份禮物。

青年工作者最終要出去，離開自己的舒適區，進到這個苦難的世界，進到年輕人的苦難當中，跟他同行，愛他到底。我曾對學員說，畢業才是新的開始。這個課程是一個旅程，你用五年去學可能都不太明白的，其實我也是不太明白，只是裝得好像很明白似的。你們不用擔心，好不好我們一起去學習，也不斷更新。

恩佩墓碑上的經文也常提醒：「我的恩典夠你用，我的能力在人的軟弱上顯得完全。」

2021 下半年我們經歷大變動，從人看來我們什麼都不再擁有，顯得很軟弱，我們確是軟弱。在這個變化莫測的時代，門徒必會經歷考驗，需要建立支援羣體，更要栽培屬靈分辨的能力，共同聆聽主，分辨這世代，才明白神在做什麼，我們要如何配合祂的心意和使命。